Edition Neue Texte

Eva Strittmatter

Mondschnee liegt auf den Wiesen

Gedichte

Aufbau-Verlag 1988

7. Auflage 1988

Einbandgestaltung Heinz Hellmis
Typographie Manfred Damaszynski
Lichtsatz INTERDRUCK Graphischer Großbetrieb Leipzig – III/18/97
Druck und Binden Karl-Marx-Werk, Graphischer Großbetrieb,
Pößneck V 15/30
Printed in the German Democratic Republic
Lizenznummer 301. 120/69/88
Bestellnummer 611 598 9
00540

ISBN 3-351-00941-0

Ewigkeit

Alles läuft schließlich darauf hinaus,
Daß man die richtigen Worte findet.
Und was spricht man mit diesen Worten aus?
Was uns mit anderen Menschen verbindet.

Würden nicht andre empfinden wie ich,
Ließe ich mein Bemühen wohl bleiben.
Früher schien mir, ich schriebe für mich.
Jetzt will ich für die anderen schreiben

Und so, daß es übersetzbar ist
In jede beliebige Erdensprache
Und daß, wer es liest, mich niemals vergißt.
Ich schreibe von der einfachen Sache:

Geburt und Tod und der Zwischenzeit,
Von unserm schmerzlich befristeten Leben,
Das wir zu einer Art Ewigkeit
Durch unser Eingehn in andre erheben.

Wovon mein Lied stammt

Das ist zum Beispiel mein Amt:
Die Waschbecken scheuern,
Die Wäsche erneuern,
Den Herd befeuern,
An Ungeheuern
Vorübersteuern
Und lächelnden Mundes
Liebe beteuern.
Das ist es, wovon mein Lied stammt.

Brief

Manchmal kann man nichts Besseres tun,
Als einen Brief zu schreiben.
Wenn man einen weiß, dem ein Wort weiterhilft,
Lasse man sich selber bleiben
Und denke sich in den andern hinein,
Den man vielleicht nur von ferne kennt,
Und fange für ihn das Leuchten ein,
Mit dem der Schmerz verbrennt,
Den man so fühlt, weil das Leben vergeht
Und weil die Träume vergehen
Und man ohne Täuschungen leben muß.
Doch den *Schmerz* lasse man nicht sehen.
Das kleine Plus heißt *Selbstüberwindung*.
Die Schwäche wird zum Wort abgeklärt,
Das der Empfänger unsrer Empfindung
Als Kraftimpuls für *sein* Leben erfährt.

Variation über Vergessen

Ich suche immer das Vergessen
Und die Entäußerung von mir.
Nur Dinge, die ich nicht besessen,
Gehören wirklich mir.
Die Straße zwischen Pskow und Twer,
Und Puschkins Park und Puschkins Wiese.
Das Dorf nahbei, wo alte Frauen
Ein Feuer machten. Und der Riese
Am Parkausgang von Trigorskoje,
Die vielberühmte Eiche, war
Mir einen Augenblick der Stille
Für alle Ewigkeiten klar:
Nein, *das* vergeht nicht. Etwas bleibt.
Was außer uns ist, kann bestehen.
Nur was mit uns vorübertreibt,
Muß fühlen, leiden und vergehen...
Doch kaum verwandelt, unverbraucht,
Besteht die Erde, wie das Hoffen:
Urfeuer, das auch heute raucht.
Und immer bleibt das Ende offen.
Darum häng ich mich an die Dinge
Und mache mich zu ihrem Mund.

Die Zeit, mein Feind, den ich bezwinge.
Die Erde öffnet schon den Schlund
Und giert nach mir und will mich fressen.
Und einmal werd ich zur Substanz,
Aus der die Zukunft kommt. Doch vorm
Vergessen
Begreift mein Wort die Erde *ganz*.

Gespräch mit dem Dichter

Auch er ist aus dem Stoff gemacht,
Der uns andre behindert.
Es sind die Qualen *seiner* Nacht,
Die er mit Worten mindert.
Ich dachte, daß er weiter wäre
In der Kunst *darüberzustehen*.
Er aber ließ mich die heimliche Schwäre,
An der er leidet, sehen.
Ich litt mit ihm und schämte mich,
So in ihn einzudringen.
Und er war nur mein anderes *Ich*,
Dem Verse besser gelingen
Als mir. Den man *Meister* nennt
In beiläufig zwanzig Ländern,
Der hat sich von seinen Worten getrennt
Und will sein Leben ändern.
Und er sieht keine Möglichkeit,
An sich vorüberzugehen.
Und all das wird zu meiner Zeit
Wie an ihm so an mir geschehen.
Und niemals eine Sicherheit:
Wie gewonnen so verloren.

Und immer zu neuem Verlust bereit.
Bis zum Tode ungeboren.
Aus solchem Stoff sind wir gemacht.
Das ist das Leben der Dichter.
Ihr andern aber schlaft ruhig zur Nacht.
Und seid bei Tag unsre Richter.

Das Interview

Ich brauche etwas, um mich dran zu halten:
Ein Bild. Eine Erinnerung.
Mich widert an, was ich zuletzt getrieben:
Antworten für ein Interview geschrieben.
Das war, als sagt ich *sex* statt Lieben,
Um *up to date* zu sein. Ich bin nicht jung
Genug, um mich zu freuen,
Wenn man mich in die Zeitung zieht.
Wen geh ich an? Meine Getreuen
Erkennen mich an meinem Lied.
Ich war mir treulos. Selbstreklame
Und Selbsterklärung hasse ich.
Etwas so Leeres wie mein Name
Erhebt sich plötzlich gegen mich,
Die ich das Namenlose liebe.
Unsichtbar will ich sichtbar sein,
So, daß von mir kein Bild verbliebe,
Als eins aus Wolke, Baum und Stein.

Verzweiflung

Meine Verzweiflung ist mir lieber
Als die Verzückung aus der Tablette.
Jeder sein eigner Stimmungsverschieber!
Wir legen uns chemisch an die Kette
Und trachten uns pharmazeutisch zu ändern.
Wir suchen Sanftmut bei *Radepur*
Und bei *Faustan*, den Unglückabwendern,
Den Stützen von Intellekt und Kultur.
Gelingt es uns nicht, uns selber zu fassen,
So hilft uns ein winziges giftiges Ding,
Vorübergehend von uns abzulassen,
Und Weltprobleme werden gering.
Es ist sehr schwer, sich abseits zu stellen
Und sich als Eigenprodukt zu verstehn
Und ohne Verzweiflung in sich die Quellen
Von Glück und Unglück springen zu sehn.

Mode

Zum Beispiel widerstrebt es mir,
Geld an Kleidung zu verschwenden,
(Als wären wir vor allem hier,
Um einander zu blenden.)
Ich kenne viele, die ihre Zeit
In äußere Schönheit umsetzen.
Sie sind zu jeder Entbehrung bereit,
Um die Mode nicht zu verletzen.
Und jedes Jahr und jedes Jahr
Wollen sie sich *verwandeln.*
Perücke oder eignes Haar?
Man schreibt ihnen vor, wie sie handeln.
Und ehe sie nicht die Absätze tragen,
Die man in diesem Jahr tragen muß,
Können sie von sich nichts Sicheres sagen.
Sie leben ferngelenkt. Auf Beschluß.
So lesen sie auch, und so denken sie,
So schränken sie ihre Freiheit ein.
Sie lassen sich sagen, was und wie,
Und wagen nicht, sie selber zu sein.

Gesang

Wenn einer singt,
Soll er nicht nur mit seiner *Seele* singen.
(Daß er mit Stimme singt, versteht sich von allein.)
All seine Körperzellen müssen klingen.
Verschleudern muß er sich. Es muß so sein,
Als hätte er für *dieses* Lied gelebt.
Für *diesen* Augenblick, in dem er singt.
Er muß *der* sein, der sich vom Boden hebt
Aus eigner Kraft. Was nie gelingt
In Wirklichkeit, muß ihm gelingen.
(Wie man das macht, verrät kein Kunstgebot.)
Wenn einer singt, so muß er singen:
Gegen die Schwerkraft und den Tod.

Wachsen

Unsere Söhne wachsen heran.
Sie wachsen aus sich heraus.
Sie sind nicht mehr das, was mit uns begann.
Fremd gehen sie schon im Haus
Umher, von Sehnsucht verwirrt
Nach etwas, das fern von uns ist.
Wer Bleibendes wollte, hat sich geirrt.
Wie man die Kinder vermißt
In den Männern, die die Söhne nun sind.
Wie gleichen sie sich nicht mehr …
Und die reinen Stirnen einst, hitzig im Wind,
Und das Handinhandgehen mit unserm Kind …
Wachsen ist schwer.

Novemberlied

Lulla das Novemberlied:
Schwarz zerfurchte Frühe.
Wie es reißt und wie es zieht:
Aufstehn macht heut Mühe.

Sturm und Regen. Selbst die Katze
Fürchtet sich vorm Tage.
Und das *Nichts* zeigt seine Fratze:
Wer weiß eine Frage,

Auf die eine Antwort lohnt?
Was soll man beginnen?
Alt ist alles und verwohnt.
Hexenreich der Spinnen.

Und die Welt wird zur Fiktion.
Hat es sie gegeben?
Und in welcher Dimension
Spielte unser Leben?

Lulla leila wie es kreist!
Was besagt die Drehung?
Wird der Erdstern schon vereist?
Gibt es Auferstehung?

Was kann uns für heute retten?
Wie kann man die Zeit
Los vom Antitage ketten?
Nur durch Tätigkeit.

Lulla das ist primitiv
Wie ein Pfenniglicht.
Freilich: der, der lange schlief,
Sah das Chaos nicht.

Trauer

Vor andern schützen mich die Lügen,
Sind sie nur gut genug.
Aber mich selber zu betrügen,
Ist sinnlos. Selbstbetrug
Hilft nicht bei Trauer.
Sie ist untäuschbar. Und sie liegt
In mir wie ein Polyp auf Lauer,
Der tausend Arme hat und siegt.
Ich zwing sie nieder für zwei Stunden,
Und das verfluchte Selbstmitleid
Verjage ich mit scharfen Hunden.
Doch fliehn die beiden niemals weit.
Sie kehrn versteckt zurück und springen
Mich aus dem Dunkel wieder an.
Ich helfe mir mit lautem Singen,
Wenn ich mir nicht mehr helfen kann.
Nach außen heißt das: Ich bin heiter.
Warum auch nicht? Das Leben zieht
Mit mir als Vorspann ruhig weiter.
Und keiner weiß, was mir geschieht.

Der Schrei

Wer begreift schon, daß etwas in mir schreit.
Das hat nichts zu tun mit Kunst oder Zeit.
Nicht daß man mir Zensuren erteilt:
Ich schreibe, daß der Schrei verheilt.
Aber man sagt mir nur: zwei bis drei
Sind deine Gedichte.
Vielleicht erreichst du noch
Eins bis zwei,
Wenn du dich bemühst.
Ich danke
Grimassenschneidend und schrei
Weiter jenen schrecklichen Schrei,
Der in mir haust
Wie ein Wesen, ein Tier,
Der Fötus eines Geschwisters, mit mir
Geboren und nicht zu töten. Das schreit!
Keiner begreift:
Vor Liebe nach Leid.
Man sagt mir: Angenehm
Vertreibst du die Zeit.

Bei uns

Es gibt auf der Welt so was
Wie den Modeschöpfer *Balianciaga.*
Es gibt so was wie *Uffizien*
Und die Warschauer Vorstadt *Praga.*

Flugzeuge gibt es und *Pullmanwagen*
Und Dichter mit ihren *Melancholien.*
Und hier bei uns werden Bäume geschlagen.
Und es riecht nach *Terpentin.*

Tageslauf

Aufstehn um fünf Uhr dreißig.
Tee mit den Kindern: sechs Uhr.
„Fahrt hin in Frieden, seid fleißig!"
Im Schnee ihre Räderspur.

Aufräumen bis um sieben.
Entwurf für den Tagesplan.
Was habe ich gestern geschrieben?
War es schlecht oder wohlgetan?

Morgendliche Kontrolle,
Rationell und kühl.
Nur Wahrheit spielt eine Rolle
Und nicht das schöne Gefühl.

Neben den Tagespflichten
Laufen die Fragen einher:
Wärs besser, das Zeug zu vernichten?
Hat es Sinn, oder ist es leer?

Automatisches Mittagessen,
Gleichgültig, abwesend, stumm.
Ich bin von Worten zerfressen
Und bin von Zweifeln krumm.

Nachmittag: leises Erheben,
Auflehnung, neuer Beginn.
Überwältigung durch das Leben.
Jetzt heißt es: *heut.* Und ich *bin.*

Hypothek für morgen: die Freude
Über ein neues Gedicht.
In der Frühe zerfällt das Gebäude
In Schatten und in Licht.

Aufstehn wie alle Tage.
Um sechs mit den Kindern zum Tee.
Und immer die gleiche Frage:
Ob ich heute vor *mir* besteh?

Lächeln

Mein Grundbedürfnis geht nach Liebe.
Ich wünschte sehr, daß man mich liebt
Und daß mein Lächeln leben bliebe,
Wenn es mich einmal nicht mehr gibt.

Das Höchste, was man hat, ist Bindung
Durch Liebe. Ich ertrage nicht
Die mir verweigerte Empfindung.
Ich öffne allen mein Gesicht

Mit einem Lächeln. Magisch scheinen
In mich die anderen hinein.
Und ich kann sie in mir vereinen,
Und sie vervielfachen mein Sein.

Mitgift

Ich trage das Hemd meiner Großmutter.
(Das ist so ein Ärmelhemd.)
Und ich bin auch, wie diese Alte war:
Sauber und glattgekämmt.
Und besehe ich meine Hände,
Die zerarbeitet sind, scheint mir:
Ihr Leben ist nicht zu Ende.
Meine Hände gehören ihr.
Und manchmal krümmt sich mein Rücken,
Und meine Stimme wird schrill,
Denn das Leben will mich erdrücken.
Da bäum ich mich auf. Ich will
Mich dem Leben nicht fügen,
Wie sie sich dem Leben fügte.
Und mir soll niemals genügen,
Was ihr gezwungen genügte:
Die Aufzucht der Kinder, das schützende Dach
Und für die Freude der Garten.
In mir ist das ganze Weltall wach,
Und ich will seiner warten.
Was aber unser Aussehn betrifft,
So wollte ich ihr wohl gleichen:
Denn Schönheit war die einzige Gift,
Die sie hatte zum Weiterreichen.

Wandel

Erst machte ich Anspruch auf Schönheit.
Auf Schönheit und *ewige Jugend.*
Dann ging ich zurück: Gesundheit.
Gesundheit als tägliche Tugend.
Jetzt heißt es nur noch: leben.
Auch häßlich, alt und krank
Werde ich Worte ausgeben
An alle. Nicht für Dank.
Nur für den beschleunigten Herzschlag,
Den das Schöne dem Menschen bringt.
Wie die Amsel den frostigen Märztag
In den Frühling hinübersingt
Und weiß nichts von unserm Empfinden –
Sie singt, weil es aus ihr singt –
Will ich mich euch verbinden:
Wenn leben mir gelingt.

Poetik

Immer die alten Worte:
Wolke, Wasser und Wind,
Wege, bewohnbare Orte,
Haus und vor allem: das Kind.
Immer die Elemente:
Zeugung, Geburt und Tod.
Was uns von anderen trennte:
Das ist gemeinsame Not.
Immer das nackte Leben
Hinter dem schönen Schein.
Und versuch ich auch, mich zu erheben:
Die Erde holt mich doch ein.

Das eine und das andere

Sieh mal, das ist eine harmlose Sache:
Mein Leben, und wie dieses Leben vergeht.
Ob ich mehr weine oder mehr lache:
Das geht mit dem Wind hin, der uns überweht.
Ich bin nicht sehr wirklich. Ich lebe in Träumen.
Da nehme ich alles mit aller Gewalt.
Da werde ich keine Liebe versäumen.
Da mach ich vor nichts und vor niemandem halt.
Gezwungen von jenem schrecklichen Zwange:
Einen Kosmos zu schaffen aus Wortmaterial,
Ein Unterfangen, dem ich mich verfange,
Verzweifelt und zweifelnd und ohne Wahl.
Das andre ist eine harmlose Sache:
Mein Leben, und wie dieses Leben vergeht.
Und ob ich mehr weine oder mehr lache:
Das geht mit dem Wind hin, der uns überweht...

Mondschnee

Mondschnee liegt auf den Wiesen,
Wie ich von dir geh.
Wir lieben uns schon lange.
Nicht seit dem letzten Schnee.
Doch immer, wenn ich zu dir komm,
Wird mir noch so:
Ich weiß nicht, wer ich bin und wo,
Bin traurig und bin überfroh.
(Teils heidnisch und teils fromm.)

Sonnenspeicher

Vegetatives Leben:
Nebel. Regen. Der Schrei
Der Hähne fernher vom Dorfe.
Der Winter geht lautlos vorbei.
Die jämmerlichen Farben:
Verwässertes Gelb und Grün.
Gegenstandslose Gedanken:
Trotz Willen und Bemühn
Bin ich mit Stummheit geschlagen.
Die Worte sind unter Verschluß
Und lassen sich von mir nicht sagen,
Wie ich sie sagen muß:
Ich muß einen Speicher machen,
Der den Winter übersteht.
In dem die Sonne des Sommers
Auf und nie untergeht.
Ich träume vom Sonnenspeicher,
Und in mir spüre ich ihn.
Doch will es mir nicht gelingen,
Ihn mit Worten heraufzuziehn.
Vielleicht ist er zu sehr verwachsen
Mit meinem Zellenverband

Und ist ein totales Feuer
Und kein lokaler Brand,
Und ich müßte mich vernichten,
Um die Sonne sichtbar zu machen
Und die Welt um mich her zu belichten.
So schreib ich von anderen Sachen:
Vom vegetativen Leben.
Von Nebel, Regen und Zeit.
Und den irregeführten Hähnen,
Aus denen der Frühling schreit.

Luise

Ich erinnre mich sehr genau an die Zeit,
Als ich acht Jahre alt war
Und in einem Dorf, ganz nah, doch zu weit,
Als daß ich heut jemals hinfahr.
Da war so eine alte Frau:
Stiefschwiegermutter der Tante.
Die war sehr gut zu mir, und ich war
Für sie nicht mal eine Verwandte,
Nur ein fremdes Mädel aus der Stadt,
Das ihr Arbeit machte,
Und Arbeit hatte sie so genug.
Die alte Frau aber brachte
Mir Bücher zum Lesen und kochte für mich
Und für mich allein Schokolade
Und lächelte, wenn ich las, und strich
Mir den Scheitel, der schief war, grade.
Sie flocht mir die Zöpfe. Ich war ja noch klein.
Und sie verlangte nichts von mir,
Als da zu sein und glücklich zu sein.
Vielleicht verdanke ich ihr
Einen Überschuß zum Weitergeben:
Was sie tat, das tat sie leicht.

Merkwürdig ist, wie fremdes Leben
Ins eigne hinüberreicht...
Wie lange ist diese Frau nun schon tot,
Die man *Luise* nannte,
Und die vielleicht außer mir, dem Kind,
Keiner wirklich kannte...
Die andern haben sie nicht geliebt,
Das spürte ich genau.
Ich glaube, sie war kinderlos und war die dritte Frau
Des Hausherrn, der sehr schweigsam war:
Sprach er überhaupt mit ihr?
Mir war, als wär sie allen im Weg
Wie ein überflüssiges Tier.
Und ich hatte Angst, daß man sie auszankt,
Weil sie gut zu mir war.
Und mich quält heut: hab ich ihr damals gedankt?
Sie strich mir doch übers Haar?

Traum I

Mir träumte, ich sollte noch einmal
Sein in der Sonne am See.
Und sicher wäre mir Liebe.
Sicher wie Regen und Schnee.
Noch einmal würde ich schmecken
Licht und Luft.
Und wüßte nichts vom Leben.
Doch alles von seinem Duft.

Melodie

Man müßte es erreichen,
Daß man den Schmerz verwandelt
In eine reine Melodie,
Die nicht mehr von uns handelt,

Daß nur wer liebt und uns nicht kennt,
Das unterdrückte *Wehe*!
In einem kleinen Nebenwort
Als *seinen* Schmerz verstehe.

Dezemberwanderung

In Gummistiefeln, Schafpelz und Tuch
Unterwandre ich den Dezemberregen.
Und was ich in der Finsternis such,
Sind Worte, die mich selber bewegen.
Seit Tagen muß ich mich schweigend ertragen.
Das ist gelebt und nicht gelebt.
Ich möchte etwas Sicheres sagen,
Das mich ein wenig höher hebt.
Aber die Stiefel sind zu schwer.
Ich bleibe in der Dimension:
Von außen kalt und innen leer.
Ein Klumpen unbehauchter Ton.
Und über allem geht der Wind
Und holt Gesang aus hohen Bäumen,
Darein der kalte Regen rinnt,
Hypnotische Musik zum Träumen:
Gesetzlos, wild und sonnensüchtig,
Zwischen den Polen Leben – Lassen,
In Bildern, fremd und viel zu flüchtig,
Um sie in Worte einzufassen:
Urnebel, der sich nicht verdichtet
Zu einem Stern, der leuchten kann,

Ein Film, auf ewig unbelichtet,
Verloren, ehe er begann.
Und über allem geht der Wind,
Der Wind geht in den hohen Bäumen,
Und der Dezemberregen rinnt:
Tränenmotiv aus toten Träumen.
Jemandes Träume: Doch nicht meine?
Jemandes Tränen: Nicht von mir!
Seh ich so aus, als ob ich weine?
Es regnet. Und ich *wandre* hier.

Selbstkritik

Ich bin in schlechter Verfassung:
Kein begründetes Lebensprogramm.
Tägliche Unterlassung:
Der Wolf verschlingt das Lamm.
Das Problem ist: In mir sind beide,
Ich bin sowohl dies als das:
Das Schaf auf seiner Weide
Und der Wolf mit seinem Haß.

Lebensrätsel

Ich erscheine mir als Luftspiegelung.
Ungefähr. Schon vorbei. Nicht genau zu beschreiben.
Hier und da einer Liebe Erinnerung
Mag in dem und jenem von mir übrigbleiben.

Und das Lebensrätsel noch ungeklärt.
Und kein Ansatz zur Lösung. Ein *Nichts*, doch
verschleiert,
Ist das, was liebt und was Liebe erfährt
Und was in uns Auferstehungen feiert.

Ich weiß nichts von mir. Ich bin mir zu flüchtig.
Eine Luftspiegelung. Ich ahne mich nur.
Und bin doch wer weiß wie nach Wirklichkeit süchtig.
Und suche im Flugsand nach meiner Spur.

Reisen

Ich: Zentrum von Abhängigkeiten.
Der Mann, die Söhne, das Haus.
Sie werden mich immer begleiten,
Flüchte ich mich auch hinaus.
Jede Reise ist ein Verrat,
Den ich schlechten Gewissens begehe.
Eine schwer zu vergebende Tat.
Denn was ich draußen sehe,
Verändert mich und macht mich neu
Und trennt mich von den Meinen.
Und doch bin ich der *Liebe* treu.
(Mag es auch anders scheinen.)

In Kasachstan

Heiß warn die Tage. Nicht *zu* heiß.
Kurz warn die Tage. Viel zu kurz.
Was ich von jenem Land noch weiß:
Auch da blühte der Nelkenwurz
So wie zu Haus. Taubenskabiosen
Blühten auch in der Steppe blau.
Ein wenig schwerer warn die Rosen
Vom Firnenlicht des Ala-Tau.
Das Licht war anders. Das sagt alles.
Auf alles war das Licht gepreßt.
Die Wasser des Fontänenfalles
Machten aus diesem Licht ein Fest.
Wir waren Gäste. Sehr geduldet
Und über unser Maß geehrt.
Und fühlten uns dem Land verschuldet
Und warn von Sehnsucht schon verzehrt,
Bevor wir fuhren: Wiederkommen
Und dieses Licht zu Ende lernen.
Denn was wir diesmal mitgenommen,
Genügt nicht, um uns zu ent-Fernen.

Wurzeln

Ich bin mit vielen Menschen verbunden,
Und keinen von ihnen lasse ich.
Manche hab ich in der Ferne gefunden.
Doch fühl ich sie nahe: sie stützen mich.
Ich schreibe ihnen von meinem Leben
Und nehme ihr Leben in mich hinein.
Mit den Jahren wird aus Nehmen und Geben
Ein unauflöslich durchdrungenes Sein.
In *Brjansk*, das ich nur von Paustowskij kenne,
(Wie dunkel ließ er die Wälder entstehen)
Wohnt eine Frau, die ich Freundin nenne,
Und doch hab ich sie noch niemals gesehen.
Sie lehrt in der Schule und liebt, was ich schreibe.
Und meine Gedichte gehn auch an sie.
Damit ich uns beiden nichts schuldig bleibe,
Mach ich aus Dunkel und Licht Harmonie.
In *Ulan-Bator* lebt so ein Dichter,
Der *Galsan* heißt, der wird einmal groß.
Für mich ist er heut schon ein oberster Richter.
Ich trage dafür mit ihm an dem Los,
An dem er trägt: Eine Welt aufzubauen,
Die noch aus Urelementen besteht.

(Er ist Tuwiner und kommt aus dem blauen
Altai, der ihm immer nachgeht.)
Er läßt mich seine Berge erleben
Und macht mir sein Volk, das sich wandelt, verwandt.
Denn das Wort kann alle Grenzen aufheben,
Wenn es Wurzeln hat im eigenen Land.

In Ungarn

Die Nachtigallen von Szigliget,
Die sangen im Mai nicht nur.
Sie ließen sich auch von uns sehn.
Solche Wunder sind in Ungarn geschehn.
Wir lebten gegen die Uhr.
Nacht wurde Tag. Wir ländlichen Leute,
Die sonst mit der Sonne leben,
Sagten da plötzlich: *heute ist heute.*
Wann wird es das je wieder geben:
Einen Mai so heiß und frei von Zeit
Und von Tamarisken umrändert
Wie von Rosenwolken: Meilenweit
Warn Straßen und Wege umbändert
Von jenen Sträuchern, die, wenn sie blühn,
Eine einzige Blüte sind.
Und uns schien: der Lohn all unsrer Mühn:
Eine Rosenwolke im Wind.
Und wie viele Mühen aus einsamen Jahren
Brachten wir mit uns her.
Und wie vieles hatten wir schreibend erfahren,
Was schön war, aber schwer.
Und manchmal schien es auch sinnlos zu sein:
Kann man nicht leichter leben?

Wozu sperrt man sich in Worte ein?
Für wen soll man sich aufheben?
Wir fuhren durchs Land und überall
Kamen uns Menschen entgegen.
Und entgegen kam uns der Widerhall
Unsrer Worte auf Ungarns Wegen.
Denn die Worte waren uns schon voraus.
Sie waren schon angekommen,
Da saßen wir noch in Klausur zu Haus:
Man hatte *uns* angenommen.

Da war das Leben mit einmal leicht.
Die Zweifel waren zerrissen.
Vorübergehend schien etwas erreicht.
Und wir sahen mit gutem Gewissen
Die Nachtigallen von Szigliget
Und die Tausende Türkentauben,
Die die Lüfte sieden mit ihrem Ruf,
Und die Frühjahrsmühn um die Trauben,
Die, reine Hoffnung, an den Hängen
Sorgsam entworfen werden,
Und die Heide von Hortobagy, wo der Wind
Läuft mit den Pferdeherden

Und gegen gebogenes Mondgehörn
Von perlmuttfarbenem Rind...
Und wenn nichts weiter bliebe in mir
Als dieser Steppenwind,
Der mein Seidentuch wie ein Segel schlug,
Daß der Schlag alles überschallte.
Nur der große Gesang der Grillen trug
Diesen Tag, den die Hitze ballte
Zu einer Kugel: alles war rund.
Die Weite wölbte die Erde.
Und ich sang dazu mit geschlossenem Mund:
Es war, es ist, es werde.

Die Nachtigallen von Szigliget
Und Düftefontänen von Flieder.
Und dann die Lilien: Violett
Wie Nachtigallenlieder.

Synthese I

Orangen in Schneeluft: Schöne Synthese.
Südlicher Duft, dem ich Bilder ablese:
Vom ersten Orangenbaum, den ich sah,
Von der großen Sonne, die mir geschah,
Von Orten im Süden, die ich kenne,
Von denen ich mein Leben nicht trenne.
Das ist in mir, und das wandert mit mir,
Und das tanzt vor mir im windigen Schnee.
Orangen in Frostluft: Sonnensynthese,
Mit der ich den lichtlosen Tag übersteh.

Zikadennächte

Zikadennächte. Man sollte sie
Auf *einem* Ton nachsingen.
Wie will man die Anti-Melodie
Der Zikaden in Worte zwingen?
Die Wärme der Steine. Der graue Geruch
Und das Flüstern der Gräser im Finstern.
Verkrüppelte Kiefern am Felsenabbruch.
Und hinter Wermut und Ginstern
Der südliche See, der *da* ist und schweigt,
Überschrillt von den Zikaden:
Ein irr gewordener Geiger geigt
Auf einem Silberfaden.

Schneedämmerung

In der Dämmerung kamen die Freunde zu mir,
Die fern waren, wie vergessen.
Der Himmel ging auf. Und sie waren hier.
Was wir zusammen besessen
In Dämmerungen winterlich
Und südlichen Sommerzeiten,
Kam wieder herauf und wärmte mich.
Auf Wäldern und Felderbreiten
Lag Schnee. Zu früh für diese Zeit.
Von Wehmut weiß ein Schimmer.
Ich stand da und bin eingeschneit.
Heiß unter Glanz und Glimmer.

An Rimma Kasakowa

Rimma, wir wären wohl wie Schwestern.
Mehr noch: wir würden Freunde sein.
Ich werde dich nicht *Freundin* nennen.
Du bist ein *Dichter*. Dem Schein
Bist du ein schönes Mädchen,
Für das die Hähne krähn. (Mit Lust und laut.)
Den Schrei nach Liebe hast du eingefroren.
In kleinen Liedern ist er aufgetaut.
Wir beide, Rimma, würden Wege wandern,
Die manche Männer nicht zu gehen wagen.
Nord Frost Reif Freiheit Hunger Hitze.
Wir haben früh gelernt, vieles zu tragen.
Das Leben war drauf aus, uns zu bezwingen.
Einmal, als wir am Ende warn,
Fingen wir an zu *singen*.

In einem anderen Land

Das war alles.
Und ist vorüber.
Eine Narbe bleibt:
Wann? Und wo?
Begonnene Brücken aus Lächeln
Versteinern *so*.
Nicht wahr gewordene Worte.
Das Wenden der leeren Hand.
An einem anderen Orte.
In einem anderen Land.
Poesie der Aerodrome.
Check-out um zehn Uhr zehn.
Und das präzeitliche Verlangen:
Einander wiederzusehn.

Gedenkminute für Block

Ich liebe Fotos von Städten,
Glänzend und koloriert.
Moskau, mitten im Winter:
Die Bäume wie graviert
Gegen den Schnee und den Himmel.
So weiß ist kein wirklicher Schnee.
Und doch will mir scheinen, ich sah ihn
Noch schöner, als ich ihn seh.
Da war die Luft voll Gebäckduft,
Und die schweren Parfums mischten sich
Mit dem Rougegeruch von Puder.
Und Moskau roch heimatlich
Nach Benzin mit der fremden Oktanzahl.
Und die Luft schien doch gläsern und rein.
Und es fing, trotz der großen Kälte,
In der Dämmerung an zu schnein.
Und die Laternen brannten.
Und manche waren so alt,
Daß sie wohl Block noch kannten.
Ich machte bei einer Halt.
Bei der alten Apotheke
Am Twerskoj-Boulevard

Für eine Gedenkminute.
Es schneite auf mein Haar.
Ich weiß wohl, das war woanders,
Wo ihn die Nacht überkam
Und von wo er die *eine* Laterne
Mit in die Ewigkeit nahm.
Nacht. Apotheke. Laterne.
Straße. Es leidet mein Herz,
Wenn ich an Moskau denke.
Doch *das* ist ein heilbarer Schmerz.

Paustowskij

Wälder von Brjansk – er hat sie geschrieben.
Sonne von Suchum – er hat sie erdacht.
Es hat ihn umgetrieben.
Mit ihm hat wer (?) was gemacht.
Hat ihm eine Haut gegeben,
Dünn wie ein Blatt.
Mit der mußte er lang leben,
Eh er dreingepaßt hat.
Er hat sich wundgerieben.
Alles ist ihm geschehn.
So hat er die Gräser beschrieben,
Die über dem Meer stehn.

Verrat

Mein Leben verwandelt sich
Unaufhaltsam in Worte.
Ich gehöre nicht mehr mir.
An diesem und jenem Orte
Hat man mich in Besitz genommen.
Selbst im östlichen Ala-Tau
Bin ich mir schon entgegengekommen
Als eine fremde Frau.
Ich zittre vor mir und dem Hang zum Verrat,
Der mein Leben vernichtet:
Ich werde für jede heimliche Tat
Öffentlich gerichtet.

Poesiefest in Michailowskoje

Heut vor einem Jahr: Auf Puschkins Wiese.
Sonntagmorgen. Pfingstlich. Junigrün.
Fest der Dichtung. Und die Dichter
In verschiednen Sprachen mühn
Sich mit Mikrophon und Stimmband,
Ihre Seelen zu vergeben.
Michailowskoje, das Eiland.
Hier soll Poesie noch *leben*.
Und die Leute auf der Wiese –
Bauern, Städter, Kinder, Greise,
Angenehm erwärmt von Sonne
Nach der nächtlich kühlen Reise
Über lange Räderwege,
Oder wandernd hergekommen:
Durch betaute Sorot-Auen
Wie durch Mondteiche geschwommen –
Was erwarten sie zu hören?
„Puschkin war sehr groß! *Poklon?*"
Oder horchen sie, ob einer
Von den Dichtern Puschkins Ton
Hat. Ob er Worte, die man wirklich spricht, benutzt,
Und sich nicht mit Schmuck und Schellen
Schrecklich als Schamane putzt?

Die da unten lagern, haben
Feiertag für ihre Hände.
Sie sind keine Schul-Ästheten.
In der Halle ohne Wände
(Wiesenplan, von Wald umragt)
Hat die Selbsttäuschung ein Ende.
Hier zählt, was man *wirklich* sagt.

Steigt die Sonne? Nein, die Erde
Dreht sich. Mittagheiß,
Ohne Schatten, ist die Wiese.
Tag und Jahreshoch. Den Schweiß,
Den die Dichter fächelnd kühlen –
Fünfunddreißig Grade glühen
Auf das Podium herab,
Und man sitzt hier hart auf Stühlen –
Festhelfer mit Schläuchen sprühen
Ihn den Leuten einfach ab.

Dampf steigt auf. Es wird gegessen
Und getrunken nebenbei.
Wobla gibt es. (Kleine Fische.)
Dichtung zehrt. Denn schon seit drei

Stunden heben Verse Flügel.
Achtzigtausend halten aus.
Hinterm Teich, beim Fliederhügel,
Steht, sehr klein, ein gelbes Haus.
Puschkins Haus. Ich seh ihn gehen,
Wie er *dazumal* gegangen.
Alles war noch ungeschehen.
Mit ihm hat es angefangen.
Unter all den vielen Orten:
Wer hat *diesen* Ort gekannt?
Eine Welt entstand aus Worten,
Als er sprach: *seht her mein Land!*

Trasse

Ich möchte gern an die Angara,
Nach Kamtschatka, Archangelsk, Magadan,
An die Kama, die Pra. Und in Alma-Ata
War es, wo wir uns sahn.
Da hatten wirs heiß. Jetzt hab ich es kalt.
Doch das magische A wärmt mich.
Es summt in mir: Angara, Wasser, Wald.
Vielleicht bald, vielleicht nie komme ich.
Doch was soll mich dran hindern? Was ich will,
  das wird sein.
Eine Worttrasse haue ich aus.
Eines Tags trifft mein Wort an der Angara ein.
Auf Kamtschatka bauts mir ein Haus.

Blüten und Düfte

Die Erle im Licht. Fast kaukasische Bläue.
Der kleine Wind, der die Birke verwirrt.
Das ist die wirklich beständige Treue:
Der Ehrenpreis blüht, der bläßliche, scheue.
Die Erde erfüllt ihr Gesetz unbeirrt.
Die Düfte, die Düfte: das Leben von Bäumen
Und Sträuchern und Stauden im Mai.
Die Ebereschenblüten verschäumen
Gilbend den Dunst von gebrühtem Salbei.
In allen Gräben, an allen Hängen
Blüht Wiesenkerbel: fast ohne Geruch.
Er trägt dafür auf den Überlängen
Seiner grünen Ständer ein Spitzentuch,
Geklöppelt aus weißen Blütensternen.
Vielmcterlanges Tuch wellt im Wind.
Neu sind jedes Jahr ein paar Worte zu lernen,
Denen Düfte und Blüten zutraulich sind.

Vor dem Vorfrühlingsregen

Die Erde riecht nach Regen,
Der heut nacht vielleicht fallen wird.
Das Bachwasser riecht nach Fischen
Und grüner Fäulnis. Es schwirrt
Die Luft von Stimmen.
Die Vögel sind aufgeregt.
Die Spechte schreien hallend.
Wie von Ahnungen bewegt.
Etwas wird kommen, kommen.
Es wartet der graue Staub.
Es wartet in den Bäumen
Auf Wasser das künftige Laub.
Eine Stille kommt mit dem Abend.
Windloser kann es nicht sein.
Erd- und Luftströme stimmen
Für den Regen überein.
Alle Sinne sind gerichtet
Auf diese verheißene Nacht.
Noch im Schlaf werden wir es spüren,
Wenn die Erde vom Regen erwacht.

Physik

Ein bißchen Physik erklärt vielleicht alles:
Das Teilchen, das zugleich Welle ist,
Beweist mir das Allgemeine des Falles.
Bisher sagte ich zu mir: Du bist
Wohl verdreht und besonders beschaffen?
Woher kommt diese Unruhe nur?
Ist sie vom Menschen oder vom Affen?
Charakterschwäche oder Natur?
Was treibt dich immer wieder zur Wandlung?
Gibt es keinen *Zustand*, der dir genügt?
Wieso folgt der Handlung die Anti-Handlung?
Aus was bist du zusammengefügt?
Jetzt habe ich mich auf Physik verlegt
Und setze mich der Materie gleich,
Die sich, obwohl Masse, als Welle bewegt,
Und das, was gilt im niederen Reich
Des Elementaren, nehm ich für mich
In Anspruch einfach und ohne Bedenken.
Bin Masse, die Strahlung sein will: Aber ich
Muß die Prozesse in mir auch noch lenken.

Neuer Frühling

Eine Kleinigkeit ist anders dieses Jahr:
An der Bohlenbrücke hat ein Baumpilz angesetzt.
Tief korallenrot und wunderbar
Wird ein Rest von Zellulose umgesetzt.
Diese Farbe, diese Farbe!
Und die Form ist auch sehr schön:
Blumenhaft. Wie um die Narbe
Eines Blütenstempels stehn
Keimlinge, von Tau befeuchtet.
Rund wie Tropfen oder Perlen.
Und ihr neues Feuer leuchtet
Neben den bekannten Erlen.
Ohne Ende Möglichkeiten:
Aus der alten Erde heben
Sich die Keimlinge zu Zeiten:
Aufspringt rot der Funke *Leben*.

Vorfrühling im Vorwerk

Kinderglück: Schaukeln hinter der Scheune.
Die Schaukel im Nußbaum. Sonne. Geruch
Neuer, teerölgetränkter Holzzäune.
Das Krähen der Hähne. Erster Versuch
Der Drossel, ihre Stimme zu üben,
In der nackten Weide am kahlen Bach.
Gestern kam sie von irgendwo drüben
Über dem Meer. Und ist heut noch schwach.
Die Stare sind schon länger zulande.
Noch sind sie willkommen: Frühling wird sein!
Im Sommer falln sie als Räuberbande,
Verfolgt und verwünscht, in die Kirschgärten ein.
An der Mauer gibt es schon Huflattichblüten.
Indianerzwiebeln fahrn Lauchlanzen aus.
Genetischer Code in Säcken und Tüten
Wartet auf Wärme im sicheren Haus.
Gesträuch wird verbrannt. Die Schwelfeuer bittern
Den aus Südosten wehenden Wind.
Durchs staubgraue Gras bricht ein Hitzezittern.
Da sieht man, daß es zu grünen beginnt.
Und alle im Vorwerk sind noch am Leben.
Dieser Winter hat uns keinen genommen.

Und es hat keine Feindschaft gegeben.
Der Nachbar ist zum Nachbarn gekommen.
Ein fröhlicher März! Motorsägen schreien
Bis in die Dämmrung, wenn der Kranich heimschreit.
Den Wald wird man bald vom Sturmbruch befreien.
Und alles im Umbruch: Vorfrühlingszeit.

Erinnern und Vergessen

Veilchenstimmung: Die Luft ist gebläut.
Und violette Schatten
Vertiefen das Grün zwischen gestern und heut.
Was wir vergessen hatten,
Erinnert sich in uns. Es zieht
Vom Bein bis in die Mitte
Des Leibes als ein Lied
Und ändert unsre Schritte.
Vom Duft fang ich erst gar nicht an:
Erinnern und Vergessen.
Duft, den man nicht beschreiben kann.
An keinem Duft zu messen,
Der sommers kommt. Nur mit der Schnur
Aus Amselsang zu binden
Und, folgend der gesungnen Spur,
Am Bachabhang zu finden.

Heidnisches Gebet

Die Vögel sind zugange
Vor der gesetzlichen Zeit.
Ist es auch nicht mehr lange:
Noch ist es nicht soweit,
Daß man sagen kann: Es ist Frühling.
Feindliches kann geschehn.
Fröste können rückfallen.
Die Winde können sich drehn.
Die Alten, die alles schon sahen,
Wiegen bedenklich das Haupt
Über Zeiten, die geschahen,
Die heut kein Mensch mehr glaubt:
Blühende Bäume und plötzlich
Stürme und Schübe von Schnee
Nach einem schneelosen Winter
Und: Herr, Dein Wille gescheh!
Ich fürchte für die Amsel,
Die singt über dem Reif,
Der früh die Wiesen silbert,
Und vor dem Himbeerstreif,
Der aller Morgen östlich
Überm Walde aufersteht,

Zyklam-goldamethysten
Als Türkis vergeht.
Die schöne Himmelsblüte
Heißt Kälte und Gefahr.
Der oder jener behüte
Die Amsel und das Jahr!

Vogelzüge

Immer sind die Vogelzüge
Das Signal für Änderungen.
Unser sanft ziviles Leben:
Atavistisch wirds durchdrungen
Von dem Wanderschrei der Vögel,
Der uns heißt: zu fliehn, zu fliehn.
Südwärts, südwärts! Über Grenzen.
Hin zu Wärme, Duft und Grün.
Aber lenzlich kehrt es wieder.
Nordwärts, nordwärts! geht der Schrei.
Frühlingshoch, beglänzt von Sonne,
Pfeilt der Kranichkeil vorbei.

Nun, wir sind daheim geblieben.
Frei von Not. Jedoch gestreift
Von dem Wanderschrei der Vögel,
Der uns, doch wieso? ergreift.
Weil wir wissen, es wird Winter,
Wenn die Vögel südwärts fliehn?
Weil wir fühlen, es wird Frühling,
Wenn sie wieder nordwärts ziehn?
Oder weil sie sich bewegen,
Und wir sind von Pflicht gebannt?

Grenzenloses Reich der Lüfte
Über dem begrenzten Land...

Rätselvolle Vögelzüge:
Jahr für Jahr die gleiche Schneise
Durch das All. Noch unerkannt:
Sind sie, die da fliegen, weise
Oder eine Art Maschinen,
Die selbstregulierend gleiten?
Wie auch immer: *uns* verkünden
Sie den Wechsel der Gezeiten.

Neujahrsnacht

Es steht mir herein der Orion
Ins Fenster wölbt sich die Neujahrsnacht,
Die still ist und ohne störenden Ton
Und nicht zuschanden gemacht
Von Trunkenheit und Witz aus dem Wein
Und jener Scheinharmonie.
Das kann ich jetzt: mit mir selber sein
Und fern von Angstsympathie.
Ich brauche den Rausch immer weniger.
Ich liebe das klare *Nein*
So wie das klare *Ja* zum Tag:
Glück und Leiden: alles soll sein.
Immer her damit! Hier wird angenommen,
Was das Leben was immer uns will.
Leicht hab ich den Nachtgrat des Jahres erklommen.
Und die *Waage* stand gleich und still.

Wärme

So graue Tage sind vergnüglich.
Der Wind geht kalt. Es regnet sacht.
Friert man genug, ist man genüglich.
Zum Feuer wird die Glut entfacht.

Wärme im Haus und Quittendüfte.
Und eine Karte aus Florenz.
Jemand schickte sie durch die Lüfte
Zu mir. Ein blauer Lenz
Ist drauf zu sehn. Vom Oleander
Sandte mir jemand eine Blüte,
Weil ich vom Weh nach Süden schrieb.
Ohne daß ich mich drum bemühte,
Gewann mich irgend jemand lieb . . .

Mein Zimmer ist gefüllt mit Zeichen
Von Neigung. Meine Einsamkeit
Ist angeboren und erreichen
Wird sie nur Spiegelung von Zeit
Im Wort. Aber die Dinge,
Die man mir sendet, liebe ich.
Am meisten lieb ich das Geringe.
Wertlose Dinge mögen mich:

Steine, die glimmern. Rosenquarz.
Das Distelblütenmedaillon.
Das ungeschliffne Stückchen Harz.
Jessenins Foto auf Karton.

Und all die Fotos von Bekannten
Und Unbekannten sammle ich:
J. Koschke und die Anverwandten
(Tscheljabinsker) bewegen mich.
Das Hochzeitsbild des jüngsten Sohnes:
Aufrecht und stolz sitzen sie da.
Doch ich gedenk des Schicksalshohnes,
Des Leids, das ihnen einst geschah...

Ich bin bevölkert von Gestalten,
Die in mir ungerufen leben
Und die mir manches Mal an kalten
Tagen von ihrer Wärme geben.

So graue Tage sind vergnüglich.
Der Wind geht kalt, der Regen treibt.
Lebt man genug, begreift man füglich:
Was Wärme ist, und was uns bleibt.

Die Schwäne

Ein Schwan ist am Waldsee eingefroren.
So heftig fiel der Nachtfrost ein.
Die Schwäne haben den Fluchttrieb verloren.
Der Förster mußte den Schwan befrein.

Die Schwänin hat den Schwan nicht verlassen.
Man hat gehört, daß Schwäne so sind.
Sie wissen nichts von Lieben und Hassen,
Und *treu* nennt Tiere nur ein Kind,

Aber irgendwas muß sie zusammenhalten.
Was hält sie zusammen, wenn nicht *Gefühl*?
Die Wissenschaft widmet dem Schwan ein paar
  Spalten
Im *Brehm*, überlegen und kühl.

Aber wir Kinder warn wie geblendet.
Warum versucht *sie* vorm Frost nicht zu fliehn?
Und wenn der Schwan nun im Eise verendet?
Was wird mit der Schwänin? Beweint sie ihn?

Wie weinen Schwäne? Können sie klagen?
Klagen sie lautlos? Zerreißt sie ein Schrei?
Zu oft an Herbst- und Vorfrühlingstagen
Zog uns zu Häupten das Schwanpaar vorbei,

Als daß wir nicht mit ihnen leiden müßten.
Aber leiden sie denn? Was wissen wir schon ...
Und wenn wir wirklich etwas wüßten?
Niemals überträfe das Wissen den Ton,

Den der Flügelschwung des Schwans in uns weckt:
Die große Musik aus verdichteter Zeit.
Deren Schmerz uns quer in der Kehle steckt.
Als gäbe es etwas wie *Ewigkeit*.

Mitte August

Vor einer Woche war die Farbe noch verschlossen,
Mit der das Heidekraut aufleuchtet.
Sie war noch grau und wie verschossen.
Der Regen hat sie angefeuchtet
Und tief gemacht und überschwenglich.
Das letzte Sommerblühn beginnt
Und ist in Wahrheit unvergänglich.
Weil es nur Zwischenzeiten sind
Von Blühn zu Blühn: Erdatemzüge.
Und ein Vergehen gibt es nicht.
Der Tod ist eine dumme Lüge
Gegen das große Gleichgewicht,
Aus dem die Erde lebt. Auch wir vergehen
Nicht wirklich, wenn wir wirklich sind.
Denn auch durch uns geht das Geschehen,
Das weder endet noch beginnt.

Unser Süden

Wir haben genug Exotik
In unserm eigenen Land.
Ich mein nicht die Backsteingotik
Und was man vor Zeiten erfand:
Das *Licht* ist südlich verwegen,
Und die Schatten sind südlich blau,
Die sich auf die Wiese legen.
Das macht der Septembertau,
Der nachts als Reif gefallen
Und früh zerschmolzen ist.
Auch für uns wird über allen
Himmeln Bläue gehißt.
Und firnenfrisch sind die Lüfte
Auch hier bei uns zu Haus.
Grün angefeuchtete Düfte
Atmen die Gräser aus,
Die malachiten erglänzen
Unter der Tausilberschicht.
Das Licht gleicht dem Licht in Lenzen,
Vor dem die Erde aufbricht.
Wir haben soviel Süden
In unserm nördlichen Land:

Das Licht spielt Schattenetüden
Auf einer weißen Wand
Mit Hilfe von Hopfenhänden.
Die Blätter sehn handförmig aus
Und machen aus nördlichen Wänden
Ein südlich heiteres Haus.

Nebel

Nebel fällt vom Laub in Kaskaden.
Wie gewichtig ein einzelner Tropfen wird!
Durchs Wiesental treiben Frühnebelschwaden.
Und in den Erlen und Espen schwirrt
Von Blatt zu Blatt die Tropfenerregung.
Die wehen Blätter lösen sich los
Und fallen ohne Windesbewegung
Grade zur Erde. Die Stille ist groß.

So könnte man stehen und könnte sehen,
Wie Zeit entsteht und wie Leben vergeht
Und wie die Wandlungen mählich geschehen,
Vor denen uns jäh der Atem vergeht...

Die plötzliche Trauer, schnittscharf und schmerzlich:
Und *das* soll *alles* gewesen sein?
So wenig Sommer, so wenig herzlich:
Möglichkeit groß und Wirklichkeit klein...

Und nun schon Nebel, grauend und gründlich,
Schleichender Farbtod, mürber Geruch.
Jetzt kommt die Zeit, da erwartet man stündlich
Ein Wunder fürs Leben oder – Besuch.

Spätherbst

Die Rentierflechten sehn immer so aus,
Als wären sie leise überreift.
Doch nun an einem Oktobermorgen
Hat sie der wirkliche Frost gestreift.
Noch fliegt der Reiher über das Tal
In der Sonne, die den Taufrost auftaut,
In der Sonne der Sonnen: Wir fühlen sie nie
So dankbar und demütig auf der Haut
Wie im Spätherbst, wenn die Frühfröste fallen
Und wenn sich das kühlere Himmelslicht
In Birken wie in Goldreflektoren
Vervielfacht und in Eisprismen bricht.

Abenteuer

Laß uns doch vom Weg abweichen,
Durch das Kieferndickicht gehn,
Abwärts zu den toten Teichen,
Und von da den Himmel sehn.
Stehst du über diesem Tale,
Ahnst du kaum den kleinen Krater.
Doch vom Grund der Eiszeitschale
Siehst du: ein Amphitheater
Baut sich ganz gesetzlich auf:
Überm höchsten Rang nur Himmel.
Wetterwechsel, Wolkenlauf,
Diagramm der Vogelzüge,
Von Woher und nach Wohin,
Fragmentarisch alle Flüge,
Abgetrennt von ihrem Sinn.
Ein Geheimnis liegt am Grunde:
Die Bewegung in der Zeit.
Erdzeitliche Schreckensstunde,
Als der Gletscher kam von weit.
Wir genießen Dimensionen,
Die uns nicht alltäglich sind,
Und vergessen, wo wir wohnen,
Und vielleicht auch, wer wir sind.

Doch wir finden neu das Feuer,
Und wir üben unsre Hand:
Urmenschliches Abenteuer
Im schon lang vermeßnen Land.

Bild

Man müßte *doch* malen können.
Denn für den, der nicht weiß, was man meint,
Kann man mit Worten nicht schildern,
Wie die Sonne septemberlich scheint.

Und wie sie früh gegen sieben
Im bläulich blühenden Kraut,
Das die *Heide* heißt, Funken entzündet.
Denn die Heide ist nächtlich betaut.

Und wie die kleinen Kiefern
Weiß übersponnen sind,
Als sollten sie sich verpuppen
Vorm herbstlich werdenden Wind.

Die Seidenweben zerfallen
Zu nichts, wenn man sie berührt.
Nur daß man auf den Händen
Ein wenig Feuchte spürt.

Das ist der Septemberzauber;
Ein flüchtiges Spiel von Licht.
Lasurene Oberfläche
Über blauer Tiefenschicht.

Doch der leise Schmerz der Verwandlung,
Der die Frühe kühl überzieht,
Ist von keinem Maler zu malen:
Er lebt nur als Mollton im Lied.

Lichtvariation

Niemals gelingt mir das Gleichgewicht
Zwischen Fühlen und Sagen.
Und es gelingt mir niemals, das Licht
In Worte zu übertragen.
Manchmal ist außer mir so ein Schein
Von Verheißung und Bläue:
Wie eine Seidenschleife am Sein,
Verliehn für Lebenstreue.
Und heute war an den trüben Tag
Eine Spur von Rot gewendet,
Die auf drei kleinen Wolken lag,
Wie etwas, das nicht endet.
Als es endete, sah man den Abendstern,
Und der Abendstern lichterte rötlich
In der Einsamkeit des Hunds ohne Herrn,
Und dem Menschen um und um tödlich.

Sensation

Mein langer Oktoberschatten
Nachmittags gegen vier Uhr.
Die Sonne schon niedrig im satten
Blau: Zweiklang in Dur.
Ägyptisch rot sind die Kiefern.
Unter den Kronen die Rinde ist rot.
Stammabwärts ist sie schiefern
Und wie rissige Rinde von Brot.
Eine der Sensationen,
Für die man im Leben nicht zahlt:
Wie die Sonne in Kiefernkronen
Herbstabends feuermalt.
Ein Rot aus Wehmut und Wildnis.
Ein herzzerreißendes Rot.

Macht euch von mir kein Bildnis.
Sprachs Gott. Oder wars der Tod.

SOS

Vielleicht ist es nur die übliche
Novemberniederung.
Das Willnichtwas und Weißnichtwas.
Das Fehlen von Lust und Schwung.
Das maskiert sich als Krankheit und Todesfurcht
Und flüstert Ende Ende...
Vielleicht genügt ein Sonnentag
Wie immer für die Wende...
Hang-over von der Finsternis.
Vom Regen Übelkeit.
Liebe und Worte ungewiß
Im Pazifik der Zeit.
Tsunamiwoge Widersinn.
Auf Grund geschleudert: ich.
Bedeutungslos. *Ich bin ich bin.*
Funkspruch von mir an mich.

Licht

Manchmal trifft man einen, der ist wie ein Licht.
Und man trifft ihn nicht zweimal im Leben.
Und man weiß. Nur *einmal* dieses Gesicht.
Und man denkt: Das darf es nicht geben,
Daß man einen Menschen verlor,
Ehe man ihn gefunden,
Und kein *Danach* und kein *Davor*...
Dieses Licht ist für immer entschwunden.
Geheimer Speicher Erinnerung,
Empfangs- und Sendezentrale:
In einer anderen Dämmerung
Verwandelt er die Signale,
Die auf uns gekommen von einem Gesicht,
Das wir nur einmal gesehen,
Zurück in Wärme und in Licht.
Und das hilft uns die Nacht überstehen.

Glück

Erotisch gestimmte Tage:
Juni. Die Nächte sind rot.
Liebe und keine Frage.
Herzpause. Und kein Tod.

Liebe I

Die Sensation zu leben.
Nachts. Und die Liebe *ist.*
Gefangen und ergeben:
Wir sind. Ich bin. Du bist.

Austausch. Aufschwung. Verwandlung.
Zwei Atemzüge Zeit.
Ein Nichts von einer Handlung.
Dann: eine Ewigkeit.

Liebe II

Liebe ist das, was man verliert
Und unversehens wiederfindet.
Wenn man schon ist wie licht-erblindet,
Weil man nur Fernes anvisiert,
Liegt es am Wege. Zwar in Scherben,
Doch noch zu kennen an dem Schein,
Den Blumen haben vor dem Sterben
Und an dem Neigenduft von Wein.
Ach Liebe – unausweichlich lieben
Gegen Verlust: Wir welken hin.
Einer des andern Schuld geblieben.
Einer des anderen Gewinn.

Lob

Ich habe ein Geheimnis entdeckt:
Wir loben einander zu selten.
Kinder wachsen nicht ohne Lob.
Wir lassen einander nur gelten
Mit jener schweigenden Toleranz,
Die die Fremdheit zwischen uns steigert.
Und jeder wartet auf *das Wort*,
Das einer dem andern verweigert.

Letztes Gedicht

Wäre dies meine letzte Stunde
Und wär das mein letztes Gedicht:
Wie setzte ich die Worte
Für das große Gegengewicht?

Ach schrecklich ist es zu sterben.
Das Tändeln mit dem Tod
Ist nur möglich, solang er noch fern ist,
Aber nicht, wenn er vor uns droht.

Die Erde reißt mir zu Füßen.
Und *es* ist nicht vollbracht.
Für alles muß ich jetzt büßen,
Was ich nicht wahr gemacht.

Hab hingelebt auf ein Leben,
Das währet achtzig Jahr.
Man beraubt mich auf heller Straße!
Mich, die erst vierzig war.

Was bliebe mir noch zu sagen?
Verzeiht meine Flüchtigkeit.
Ich habe die Welt nicht vollendet
Und falle aus der Zeit.

Vielleicht aber keltert einer
Mein Leben und gewinnt
Daraus ein wenig Süße
Für mein verwaistes Kind.

Legende

Irgendwo hab ich gelesen,
Daß man in einer Stadt
Sehr alte hölzerne Häuser
Abgerissen hat.

Aus dem alten Holz baut man Geigen,
Die sollen besonders klingen.
Das ist sicher chemisch zu klären.
Ich denke aber, sie singen

Von lange vergangenem Leben,
Das ist in das Holz eingedrungen
Und mit unregistrierbarer Schwingung
Bis heute herübergeklungen.

Wird die Geige gespielt, hört man Töne,
Die nicht in den Noten stehen.
Es ist, als ob die Verstummten
Summend vorübergehen.

Das ist eine schöne Legende.
Und ich träume: in meinem Gedicht
Soll immer etwas mitklingen,
Was für die Stimmlosen spricht.

Leben

Angemessen zu sein, dem Leben zu entsprechen,
Darauf kommt es an. Und nicht auf Biegen und
Brechen
Nach Glück zu gieren. Was ist Glück?
Glück ist Verführung zum Verweilen.
Man will die Welt in einem Stück
Und nicht mit andern teilen.
Man übertreibt die Selbstempfindung,
Wenn man nach Glück geht. Man vergißt
Die Unauflöslichkeit der Bindung
Von Licht und Dunkel. Und man mißt
Mit falschem Maß, sieht man nur sich.
Leben verlangt Selbstüberwindung:
Zuerst die andern, und dann *ich.*

Geduld

Geduld, die einfache Tugend der Güte,
Erwirbt man nur schwer. Und nach wieviel Verzicht!
Nein, sie ist nicht die Tugend der Jugend.
Jugend fühlt nur ihr Eigengewicht
In Träumen und Hoffnung auf *Ausnahmsweises*:
Glück und sogleich. Und Wunder und mehr.
Geduld ist alternd. Entwicklung. Ein leises
Bedauern geht mit ihr einher
Über Verluste an Täuschung und Träumen.
Am schwersten verliert man das Traumbild von sich:
Wievieles mußte man sinnlos versäumen.
Und Einsicht ist manchmal recht bitterlich.
Und dennoch lächeln. Und lächelnd *geben.*
Hören und helfen. Und nicht aus Pflicht.
Der große Akkumulator, das Leben,
Speichert Geduld für späteres Licht.

Freundschaft

Freunde sind mir, mit denen ich
Essen und trinken und reden kann.
Die mich in meiner Küche kennen,
Und denen ich sage: Komm, setz dich ran.
(Keine Probleme und Komplikationen:
Wie füttert man den? Ist der Schnaps gut genug?)
Mit denen gemeinsam ich in den Jahren
Meine und ihre Lasten abtrug:
Krankheit der Kinder und Weltüberdruß.
Mit denen ich die Nächte zerrede.
Und doch kommt es niemals zu einem Schluß.
Das kann auch über Fernen bestehen.
Auch wenn man sich lange Zeit nicht sieht:
Halten wir nur aneinander fest,
Was immer sonst auch mit uns geschieht.
Freundschaften sind wie Abenteuer,
An die man sein ganzes Leben setzt.
Versagt man oder wird man verraten,
Hat man sich mehr als die Haut verletzt.

Zerstörung

Ich leide mit meinen Freunden,
Denen keiner helfen kann.
Zehn Jahre nannte ich beide:
Seine Frau und ihren Mann.
Oft habe ich sie beneidet:
Sie schienen so sicher zu leben.
Verzweiflung und Gefährdung
Schien es für sie nicht zu geben.
Sie sind auseinandergegangen.
Die Hütte der Kinder ist leer.
Und nicht nur ihre Liebe:
Auch die Freundschaft ist nicht mehr.

Währung

Für alles zahlt man den Gegenpreis:
Für Güte, für Liebe, für Treue.
Dem Leben macht man nichts über sich weis:
Wenn ich nicht den Samen ausstreue,
Aus dem die menschliche Heilpflanze treibt,
Ist Öde um mich und Kälte.
Und was auf Erden von mir wirklich bleibt,
Ist: was ich *anderen* gelte.

Wortspiel

Die Süße im Apfel ist Sommer.
Der Rauch überm Hausdach ist Leben.
Die winternächtliche Liebe
Kann Sommerleben ergeben.

Ich bewundre die Weisheit der Alten.
Doch kann ich die Weisheit nicht üben.
Ich muß die Ewigkeiten
Mit zeitlichen Worten trüben.

Ich bin so irdisch wie möglich
Und atme voller Begier.
Und alle indische Weisheit
Ist verloren an mir.

Der Rauch überm Hausdach ist Sommer.
Die Süße im Apfel ist Leben.
Und Sommer und Leben werden
Immer wieder Liebe ergeben.

Wunder

Ein alter Mann aus Jena hat
Mir einen Brief geschrieben.
Bei dem alten Mann in der alten Stadt
Ist etwas von dem geblieben,
Was ich in einem Sommer sah,
Der sonst vergehen müßte.
Von einem Liliensee schrieb ich da.
Und der Mann schrieb mir, er wüßte
Seit langem einen Liliensee,
Und ob ich den wohl meine?
Und dann schriebe ich was von einem Schnee,
Und auch der Schnee wär der seine...
In einem anderen Land sagte mal
Eine Frau, daß ich von *ihr* schriebe:
Von ihrer langen lautlosen Qual
Und ihrer bitteren Liebe.

Hochgericht

Die geheime Registratur
Meiner Irrtümer arbeitet peinlich.
Sie verewigt meine Spur
Und zerlegt meine Handlungen kleinlich.

Das innere Hochgericht
Versagt mir Milde und Gnade.
Es jagt mich zurück zur Pflicht
Und auf beschilderte Pfade.

Manchmal versuch ich es zu umgehen.
Es gelingt mir vielleicht eine Stunde.
Dann aber muß ich gestehen:
Ohne Urteil geh ich zugrunde.

Bindung

Die Konklusionen der Philosophien
Sind immer ein Bekenntnis zur Pflicht.
Wie verschieden sie auch ihre Rechnungen machen,
Das Ergebnis ändern sie nicht.
Und immer läuft es auf Einsicht hinaus
Und auf Zähmung unserer Triebe:
Die Willkür wird begrenzt durch das Haus.
Das Geschlecht unterwirft sich der Liebe.
Und das muß auch so sein. Auch ungelernt
Ist das einfach genug zu verstehen:
Wenn der Mensch sich von seinen Pflichten entfernt,
Müssen Menschen zugrunde gehen.
Und nur durch Bindung werden wir frei.
Ohne Bindung sind wir verloren.
Ob sie glücklich oder unglücklich sei:
Aus der Bindung sind wir geboren.
Und verlieren wir sie, versuchen wir nur
Uns Menschen neu zu verpflichten.
Die Sehnsucht nach Freiheit und Urnatur
Befriedigen wir in Gedichten.

Ohrid am See

Wir kamen an einem Haus vorbei
In Ohrid am Ohridsee.
Ein Gartenhaus. Glyzinien warn da
Und Oleander. Ich geh
In meinem Traume ein
In dieses Haus mit dir.
Und warum sollt es nicht wirklich so sein?
Einen Tag lang wären wir
Beieinander da und löschten uns aus
Und stürzten aus der Zeit.
Aber bewohnt ist das blühende Haus.
Und Ohrid am See ist weit.

Analyse

Als ich dreißig wurde, habe ich
Ein Fest für Freunde gegeben.
Jetzt werde ich ohne Reklame alt
Und analysiere mein Leben.
Zweiundvierzig: und was bleibt als Bodensatz
Zurück aus vergangenen Jahren?
Hat wohl die Welt von mir durch mich
Etwas für sich erfahren?
War ich ein Sender oder nur
Das Echo fremder Töne?
Hab ich geschrieben, weil ich muß,
Oder mich nur ans schöne
Gewerbe angehängt, weil es der Zufall brachte,
Daß mich ein Mann zu seiner Frau
Und *literarisch* machte?
Das meiste an uns ist geheim.
Die Wurzeln sind verborgen:
Seit dreißig Jahren schreibe ich,
Und nicht seit heut und morgen.
Ich schreibe, wie ich existiere:
Vegetativ. Ich treibe kein
Bedarfsgerechtes Kunstgewerbe.
Schreiben ist *meine* Form von *Sein.*

Dürres Jahr

Lispelnder Regen. Grünes Gedächtnis.
Windhalmgeflüster im leisesten Wind.
Auch dieser Sommer wird schon Vermächtnis:
Tage, die staubgrau vergangen sind.
Dürregefühle: Frühzeitig welken
Blumen und Gräser. Gilber August.
Selbst in den harten rosa Grasnelken
Verkümmert von bläulich bis grau schon die Lust
Der Erwartung. Die Berberitzen,
Die Vogelbeeren, trocknen schon ein.
Rost fleckt die Blätter. Zerfrißt die Blattspitzen.
Und den Beeren gelingt es nicht, rot zu sein.
Das ist nicht das Rot aus üppigen Jahren,
Jenes Überrot wie Triumphgeschrei.
Die Bäume sehn aus wie leiderfahren.
Und der Regen geht ihnen nutzlos vorbei,
Der endlich doch kommt: Verlorener Regen,
Verlegener Regen, der lispelt und schleicht
Und auf verkarsteten Feldern und Wegen
Die Dürrespuren dunkel nachstreicht.

Paar Worte

Die milde Gabe eines Grußes ging mir heute
Aus einem fernen Lande zu: Man denkt an mich!
Wie ich mich über die paar Worte freute,
Die seltsam traurig warn. Ich dachte, ich
Nur könnte nicht vergessen.
Was einmal war, lebt in mir fort.
Ich bin erinnerungsbesessen.
Niemals vergesse ich den Ort,
Die Stunde und das Licht.
Was einmal einer zu mir spricht,
Bewahre ich wie ein Vermächtnis.
Ich leb mit furchtbarem Gedächtnis
Und wie mit doppeltem Gesicht.

Und nun und nach so manchen Jahren,
Die bitter von Verlusten waren,
Schreibt einer mir mit solchen Worten:
„Rückkehrend zu den schönen Orten
Am Sonnensee, grüß ich Sie! Ich
Bin traurig; etwas fehlt...
Erinnern Sie sich noch an mich?"

Den See erinnre ich wie sehr.
Wie sehr die Sonnenuntergänge
Und die beklemmenden Gesänge:
Liebe ist leicht, das Leben schwer.

Also auch er,
Den ich einst kannte,
Vergaß nicht alles, was da war.
Auch noch in einen andern brannte
Sich die Erinnrung an das Jahr,
Das von den unvergeßnen bleibt...

Geheimes les ich aus den paar
Gemeßnen Worten, die er schreibt.

Flug

Ein bestimmtes Eau de Cologne
Florena Juchten erinnert mich.
Ich hab es in Kasachstan benutzt.
Und immer erinnert es mich auch an dich.
Bezweifeltes Wunder: *das* hat es gegeben?
Diesen Flug nach Osten. Den Lichtsaum entlang.
Und es schien: mit diesem Flug ist das Leben
Für immer verändert. Nur noch Gesang
An die Sonne wird übrigbleiben.
(Man könnte ihr folgen. Fliegend. Westwärts.
Und fliegend könnte man Hymnen schreiben.
Sonne Orange Lichtapfel Herz.)
Man hat die Drehung der Erde gesehen und hat
verstanden:
Die menschliche Nacht
Ist nur auf unserm Fixpunkt vorhanden
Und nur aus unsren Begriffen gemacht.
Bei diesem Flug ging die Nacht verloren.
Eine Nacht in *unserem* Leben fehlt.
Doch wie kann es sein, daß, *was nicht
gewesen*,
Mehr als alles Gewesene zählt?

Der Juchtenduft reizt Gefühle in mir.
Der Geist aus der Flasche erinnert mich
An den Flug aus der Zeit, diesen Flug mit dir.
Zur Sonne, zur Sonne! Erinnerst du dich.

Navigation

Es regnet. Siebenter August. Sieben Uhr dreißig.
Dreiundsiebzig.
Ich
Geh wie jeden Morgen in die Wiese
Und denke nach.
Ach,
Nichts Besondres: über mich,
Das Jahr und das Jahrhundert.

Ich suche meinen Platz zu orten.
Navigation nennt man das wohl.
Von diesem Punkt mit was für Worten,
Philosophie und wieviel Phon
Kann man die Erde ganz umkreisen?
Mit welcher Strömung steigt man auf?
Doch mit ballistischen Beweisen
Plant man nur den Raketenlauf.
Die Wortschubkraft bleibt unbekannt:
Sie fliegen oder fliegen nicht.
Doch manchmal zieht von Land zu Land
Im Staub der Straßen ein Gedicht
Und braucht Jahrhunderte dazu,
Die Erde segnend zu umkreisen.

Man wechselt ihm Gewand und Schuh
Und lehrt es andrer Völker Weisen.
Und wie den Nachbarn, den vertrauten,
Mit dem man aufgewachsen ist,
Begrüßt man es mit Mutterlauten,
Bis es sein Ursprungsland vergißt.
Es regnet. Siebenter August.
Jahr dreiundsiebzig.
Hier steh ich
Und denke nach.
Ach,
Nichts Besondres: über mich.

Widerstand

Die schwere Arbeit des Alterns
Beschäftigt mich dieses Jahr
Mehr als in anderen Jahren.
Ich färbe ein wenig mein Haar,
Um nach außen zu widerstehen,
Und ich achte auf mein Gesicht
Und schreibe von leichteren Dingen
Und fasse sie ein in Licht.
Ich mache mir Halterungen
Aus Worten und halte mich fest
Und versuche von dem abzusehen,
Was sich nicht halten läßt.

Rätsel

Flamingoflügel Rosawolke.
Er hat ihn für sie aus Baku mitgebracht.
Ein andrer brachte ihr Gänseblumen.
Und seltsam: für den hat sie alles gemacht.

Gott

Ich leb mein Leben ohne Gott,
Aber mit seiner Negation
Und treibe mit ihm keinen Spott.
Ich kenne keine Religion,
Der ich mich unterwerfen würde.
Aber ich achte das Prinzip:
Nehmt voneinander eure Bürde
Und: Habt den andren Menschen lieb,
Er ist wie ihr. Alttestamentlich
Geprägter schöner Gleichheitssatz.
Und wär das Weltall auch unendlich,
Die Erde hat für alle Platz.
Und *Gott* war diesseits oder gar nicht,
Verkörperung für ein Gesetz.

Wir wollen Flieger sein mit Klarsicht,
Artisten ohne Seil und Netz.

Metamorphose

Von Lebensenttäuschung will ich nicht sprechen.
Ich weiß, daß das Leben alles hat,
Um jedes Entsagungsgelübde zu brechen.
Aber irgendwas findet jetzt in mir statt,
Was der Enttäuschung sehr ähnlich sieht:
Ich fühl mich von meinen Freunden verlassen,
Und langweilig werden mir Leben und Lied.
Und ich weiß nicht, wie krieg ich mich wieder
zu fassen,
Um mir einen anderen Glauben zu geben,
Nachdem der an Freundschaft zerfallen ist.
Vielleicht soll ich nach der Vollkommenheit streben,
Die sich am Universum vermißt?
Aber das paßt so wenig zu mir,
Ich bin so völlig von Erde gemacht.
Was Metaphysik angeht, steh ich Vier.
Und ich wäre die erste, die über mich lacht.
Aber das Leben langweilt mich so.
Ich handle aus Pflichtgefühl. Kalt und mechanisch.
Und schon wie lange war ich nicht froh.
Und entweder werde ich alt oder manisch.
Doch manchmal geschieht es, daß mich was ergreift,
Was mich und mein Leben gar nicht betrifft.

Ich werde von einem Ruf gestreift,
So wie der Flößer bei seiner Drift
Vom Ufer einen Ruf aufnimmt,
Und er weiß nicht genau, ob der Ruf ihn meint.
Doch kann es wohl sein, er ist ihm bestimmt
Oder dem, als der er dem Rufer erscheint.
So kann es geschehen, daß Tote mich rufen,
Die von mir für sich Gerechtigkeit wolln,
Sie warten als Schatten unter den Stufen,
Ob sie nicht endlich heraufkommen solln.
Ich habe mit ihnen gar nichts zu tun.
Uns verbindet weder Schuld noch Verbrechen.
Doch sie kommen in ihren verwesenden Schuhn
Und verlangen von mir, ich soll für sie sprechen.
Das sind die, die vom Leben nichts hatten.
Die Lastträger der Vergangenheit.
Sie waren auch im Lichte nur Schatten.
Und waren immer wie außer der Zeit.
Sie drängen sich schamlos in mich hinein
Und murmeln ihre Groschengeschichten
Und wirtschaften mit dem Hungergebein,
Als wollten sie sich auf die Dauer einrichten.

Aber hab ich nicht an mich zu denken
Und an die fressende Langeweile?
Wie soll ich mich gründlich in mich versenken,
Wenn ich mein Leben mit ihnen teile?
Ich werde keinen Glauben finden,
Der mir den Glauben an Freundschaft ersetzt.
Zwang wird mich an fremde Schicksale binden.
Und bald denke ich an mich zuletzt.

Die Dichter

Die Dichter machen ihr Land.
In der Welt
Wüßte man nichts von Island,
Wenn Laxness nicht schriebe.
Und Dagestan
Ohne Gamsatow bliebe
Verschollen für uns.
Wir wüßten nicht,
Wo das liegt, wie die Leute da leben,
Und wie das Land ist, würde es den
Rassul Gamsatow nicht geben.
Und Griechenland hat Ritsos gemacht.
Und Neruda machte Chile.
Und ohne Lorca wär Spanien nicht.
Die harmlosen Wortespiele,
Mit denen es bei allen begann,
Wachsen sich aus zu ernstem Leben.
Die Dichter sind schwach wie *jedermann*.
Aber: sie können ihr Land *aufheben*.

Tabus

Mein Lektor sagt mir: Die Wildgans
Ist für nun und immer *germanisch.*
Schreibst du: im Herbst schrein die Gänse,
So bist du *völkisch* und *ahnisch.*
Das hat Hermann Löns bedichtet.
Und Schwäne sind auch tabu.
Und die Rosen hat Rilke vernichtet.
Auch diese Klappe ist zu.
Wir haben Traditionen,
Die sind sehr negativ.
In dem Land, in dem wir wohnen,
Klingen viele Worte schief.
Natürlich: Die Gänse schreien.
Und Schwäne gibt es auch.
Und den Rosen wolln wir verzeihen:
Laß sie blühn an ihrem Strauch...

Widerspruch

Man sagt mir, daß ich anders bin
Im Leben, als ich schreibe.
Die Leute reden das so hin.
Wie bin ich denn? Ich bleibe
Gewiß nicht, wie ich gestern war.
Für mich ist vorbei und vergangen,
Was mit mir war in diesem Jahr.
Ich habe mich aber gefangen
In Worten, die erst nach ihrer Zeit
Unter die Leute kommen.
Da bin ich schon viele Meilen weit
Und an andere Ufer geschwommen.
Man ruft mich zurück und verhört mich für das,
Was ich einmal besessen.
Was immer es war: Liebe und Haß
Habe ich längst vergessen.

An meinen achtzehnjährigen Sohn

Du glaubst gar nicht, wie traurig ich bin,
Mein Sohn, wenn ich dich sehe.
Und schon nehm ich als endgültig hin,
Daß ich dich nicht verstehe.
Und helfen kann ich dir auch nicht,
Und helfen kann dir keiner.
Und einmal liebte ich dein Gesicht,
Und einmal warst du *mein Kleiner*,
Mein Junge, Land Unbekannt
Und sicherste Utopie.
Und damals war ich es, die dich erfand
Und bestimmte das Was und Wie
Für dich über all diese Zeit.
Und ich glaubte, ich könnte dich schützen
Vor Lebenslüge und Lebensleid
Und könnte dir lebenslang nützen.
Nun habe ich dich aus der Sorge entlassen,
Und du gehst erleichtert fort
Und verstehst doch nicht, dich der Welt einzupassen
Und flüchtest von Ort zu Ort.
Du rauchst Zigaretten und bildest dir ein,
Dadurch erwachsen zu scheinen,

Und in Wirklichkeit bist du noch schrecklich klein,
Und ich möchte sehr um dich weinen.
Theoretisch weiß ich: das Leben ist gut.
Und die Guten gehn nicht verloren.
Doch bei dir fehlt mir zum Gleichmut der Mut:
Ich habe dich einmal geboren.

Doch diese eine Geburt reicht nicht
Für immer und alle Zeiten.
Auch du verfällst der irdischen Pflicht,
Gegen dich und für dich zu streiten.

Nach dem Fest

Ein Tag wie alle Tage.
Nach einer besonderen Nacht:
Ich lag lange wach und habe
Für mich ein Fest gemacht
Aus Versen, fremden und meinen.
Und im Finsteren wollte mir
Eine Stunde lang sicher erscheinen,
Ich beschriebe nicht nur Papier,
Sondern ich setzte Zeichen
Gegen die fliehende Zeit,
Die andere Menschen erreichen.
In der Frühe hat es geschneit,
Die Spuren vom Vortag versanken
Unter Schüben von Schnee,
Und dem vermeßnen Gedanken
Meiner Nacht befahl ich: Vergeh,
Verweh und verschneie.
Ich brauch keine Sicherheit.
Es genügt, daß ich mich befreie
Von Tod und Leben und Zeit.

Anbeginn

Mein Leben setzt sich zusammen:
Ein Tag wie dieser. Ein anderer Tag.
Glut und Asche und Flammen.
Nichts gibt es, was ich beklag.

Früher habe ich so gefühlt:
Irgendwas Großes wird sein.
Inzwischen bin ich abgekühlt:
Es geht auch klein bei klein.

Was soll schon Großes kommen?
Man steht auf, man legt sich hin.
Auseinandergenommen,
Verlieren die Dinge den Sinn.

Doch manchmal sind solche Stunden
Von Freiheit vermischt mit Wind.
Da bin ich ungebunden
Und möglich wie als Kind.

Und alles ist noch innen
In mir und unverletzt.
Und ich fühle: gleich wird es beginnen.
Das *Wunder* kommt hier und jetzt.

Was es sein soll? Ich kann es nicht sagen.
Und ich weiß auch: *das* gibt es gar nicht.
Aber plötzlich ist hinter den Tagen
Noch Zukunft ohne Pflicht

Und frei von Furcht und Hoffen
Und also frei von Zeit.
Und alle Wege sind offen.
Und alle Wege gehn weit.

Und alles kann ich noch werden,
Was ich nicht geworden bin.
Und zwischen Himmeln und Erden
Ist wieder *Anbeginn*.

Synthese II

Leitende Substanz:
Novemberabendluft.
Sehr intensiv gesättigt
Von Wasser: Dunst und Duft.
Ach meine vergangenen Jahre:
Heut bin ich dankbar gesinnt.
Ich habe ein glückliches Leben.
Auch unterm traurigen Wind.
Sonnabendabendfriede
Zwischen Freiheit und Pflicht.
Ich suche nach schwebenden Worten
Für das schwebende Licht.
Ich bin nur wirklich in Worten.
In Worten bin ich wahr.
Gelitten und geschrieben:
Das war ein gutes Jahr.
Was macht mir der November?
Ich überwinde die Zeit
Und schaffe die Synthese
Zukunft–Vergangenheit.
Die leitende Substanz:
Novemberabendluft.
Sehr intensiv gesättigt
Von Wasser und von Duft.

Verlust

Für mich haben schon die Rosen geblüht,
Eh sie für euch zu blühen beginnen.
Ich war sehr im Osten und hab mich verfrüht:
Verlieren folgt dem Gewinnen.

Vertauscht Raum und Zeit. Ich habe ein Recht
Auf Rosen, so will es mir scheinen.
Zu weit war ich fort. Nun lebe ich schlecht
Und wie beraubt bei den Meinen.

Sensibilität

für Hermann Kant

Von andern sagt man, sie sind sensibel.
Von mir wird das niemand sagen.
Das liegt wohl an der Selbstdisziplin,
Die mir verbietet zu klagen.

Ich mag die englische Höflichkeit,
Die über Persönliches schweigt
Und die nach außen ein tadellos
Gesundes *Ego* zeigt.

Ich glaube nicht an die Einmaligkeit
Meines eigenen Innenlebens.
Es unterliegt dem gemeinen Gesetz
Sublimierten Vermehrungsstrebens.

Das Wissen, daß wir unterworfen sind
Und nur einem Schema genügen,
Erleichtert mir das Schweigen und
Erleichtert mir das Lügen.

Wenn alle die gleiche Krankheit leiden,
Sind alle die gleichen Gesunden.
Ach, schweigen wir von der Angst des Gefühls.
Verheimlichen wir unsre Wunden.

Vor einem Abschied

Sterb ich, wirst du an meine Schränke gehen
Und wirst in meinen Manuskripten lesen
Und wirst mich da als eine andre sehen,
Als die ich war, wie ich gewesen.
Ich hatte noch ein zweites Leben,
Das hielt ich sehr vor dir geheim.
Ich habe mich ihm nicht ergeben.
Doch ich bebrütete den Keim
Von Untat und Verwandlungen,
Die ich niemals begehen wollte.
Ich rettete mich vor den Handlungen,
Indem ich schrieb, was ich nicht sollte.
Die große Lockung war die Welt,
Die Erde, der uns anvertraute Stern.
Und du bist es, der mich hier hält.
Sonst wär ich sicher schon sehr fern.
Ich weiß, daß alles Beispiel ist,
Variationsfall für das *Eine.*
Aber was man nicht selbst vermißt,
Verwandelt man nicht in das Seine.
Das war der Widerspruch: dein Haus
Und was darin ist, ernst zu nehmen,

Zu dieser Sehnsucht weit hinaus.
Ich hätte leicht einen bequemen
Frieden mit allem finden sollen,
Was um mich ist und an mir hängt.
Doch ohne Rücksicht auf mein Wollen,
Bin ich von einer Pflicht gedrängt,
Die größer ist als dieses Leben
Und außerhalb der Tagmoral.
So schuf ich mir ein Wesen neben
Dem ersten Ich und mir zu Qual.

Aus meinem Dorf

Ein Mädchen hat ein Kind geboren.
Und eine Ehe geht zugrunde.
Der Mann der Postfrau ist gestorben.
Nun ist sie: „Witwe mit dem Hunde,
Der seinen toten Herrn vermißt.“
Und sie erzählt auf ihrer Runde
Durchs Dorf: „Nu wo min Mann gestorben ist,
Nu wird he scharf un wacht bei mir.
Sovöl Verstand in so ein Tier!“

An dieser milden Witwe hängt
Mein Leben sechs von sieben Tagen.
Bringt sie mir Briefe? Bringt sie *nichts*,
Ist mir, als hätt mich wer erschlagen.

Ihr schreibt so selten, Freunde, wer
Denn soll mir schreiben, wenn nicht ihr?
Ihr lebt in eurer Riesenstadt.
Aber ihr wart doch schon bei mir
Und wißt: ich lebe auf dem Lande
Und halte mich sehr daran fest,
Daß ihr an mich denkt. Und ich falle,
Wenn ihr nicht schreibt und mich vergeßt...

Alles, was hier geschieht, verfließt.
Hier lebt man wie nach Erdzeitaltern
Und ist gewiß: *das Leben* schließt
Die Gräber. An *Erhaltern*
Wird es nie fehlen. Wenn einer vergeht,
Verführt ein Bursch nah der Friedhofsmauer
Vielleicht ein Mädchen. Ein Lachen entsteht
Noch vor dem Ende der üblichen Trauer...

Mein Zeitgefühl sieht anders aus.
Ich wehre mich gegen das Kommen und Gehen
In dem Jahrhunderte dauernden Haus.
Ich will mich nicht als *Kettenglied* sehen.

Ich brauche die Verbindung zur Welt
In meinem Dorf. Schon aus diesem Grunde:
Helft mir und schreibt! Und vergeßt mir nicht
Die verwitwete Postfrau mit ihrem Hunde.

Morgen

Silberlicht im Wipfel der Weide.
Amsellaut. Stimme der sterbenden Nacht.
Sieben Tannen und sieben Gräber.
Rotes Gefieder. Die Taube erwacht.
Unterm Flügel des Himmelsvogels
Kriecht der kühle Tag hervor.
In meiner Kehle schmerzt die Ferne,
Die ich träumte und verlor.

Toleranz

Verselbständigung der Prinzipien,
Der Kampf um das Ding an sich,
Beherrscht die Menschen und Völker,
Und manchmal noch dich und mich.
Wir haben mit den Jahren
Mäßigung gelernt
Und uns vom Bekehrereifer
Unserer Jugend entfernt.
Was hielt ich früher nicht alles
Für untrennbar von mir!
Treue auf Tod und Leben.
Und: Wie du mir, so ich dir.
Liebe: ein Absolutum,
Das nicht mit dem Winde schwankt,
Und bei der kleinsten Kränkung:
„Leb wohl und sei bedankt!
Das war es nicht, was ich meinte,
Das ist mir nicht gut genug!“
Und wieviel Schlechtes man
Um dieses Gute ertrug...
Immer nur Annäherungen.
Wir sind aus Schwäche gemacht.

Und keiner ist so gelungen,
Wie er das von sich gedacht,
Als er vom Leben nichts kannte
Als das erhabne Prinzip.
Erst wenn man sich selber verbrannte,
Versteht man das Wort: Vergib
Und lernt einander dulden
Und rechnet nicht im Kurant,
Wie hoch sind des anderen Schulden?
Dann wird man tolerant.

November

Die lichte Kuckucksnelke wartet
Wie jeden Herbst auf ihren Frost.
Auf braungedorrtem Gräserstengel
Ein Rest von Rot. Ein bißchen Trost
Am Friedhofsberg, wo meine Tannen,
Die Tannengreise, sterben solln,
Weil unsre alten Vorwerksleute,
Die satt vom Wald sind, sehen wolln,
Eh sie zu Grabe gehen, daß man
Den längst zermorschten Zaun ersetzt.
Sie wolln dort liegen, wie sie lebten:
Ehrenhaft, sorglich. Sonngeletzt
Sollen die Semperviven blühn.
Nicht länger sollen Gänse ziehn
Zu Bache übern Friedhofshügel.
Die Bäume werden Zaun und Riegel.
Mir wird der Tod viel näher rücken.
Die Gräber werden mich bedrücken.
Noch hecken sie die Tannen ein.
Am schlimmsten wirds bei Mondschein sein.

Bobrowski

Bobrowski war eine Malve.
Schwarzblütig, doppelt und kraus.
Man hält sie, aber man fürchtet,
Sie bringt vielleicht Trauer ins Haus.
Man weiß nicht, ob sie schön ist.
Sie steht so seltsam beim Haus.
Und ist sie eine Blume?
Oder sieht sie nur so aus.

Halbinsel

Das Grün ist ohne Licht kein Grün
Wie sonst das Grün von Gras in Sonne.
Urwaldempfindung. (Walfischbauch
Und Wölbung einer Riesentonne.)
Hasel und Hopfen und Holunder
Und Faulbaum dämmern vor sich hin.
Gefangene der greisen Kiefern.
Ein Rosenstrauch blüht ohne Sinn.
Er blüht nur für die wilden Bienen.
Verbotne Wege sperrn den Weg.
Und schwarze Schnecken ziehn Schleimschienen
Am eingefaulten Bohlensteg.

Asynchron

Noch spiegeln sich die Bäume im See,
Der schwarz ist und voller Seerosenblätter.
Nah ist vielleicht schon der erste Schnee.
Und alle möglichen Arten von Wetter
Stehn uns bevor. Nicht einverstanden,
Wie jeden Herbst, sind wir und wieder verwirrt:
Kam uns nicht etwas für immer abhanden?
Und sind wir nicht endgültig verirrt
Und alle Wege zurück verschwanden?
Wir sind ungelernt. Von wichtigen Dingen
Lernt man zuwenig. Und nie ganz synchron
Ist den Verwandlungen das, was wir singen.
Wir singen, aber mit falschem Ton.

Finsternis

Uns überwindet die Finsternis,
Wenn die Stadt noch von Leben birst.
Um fünf Uhr wird alles ungewiß,
Schon verschwimmen Bäume und First.
Ich liebe das Dorf, doch ich hasse die Trauer,
Die mich im Finstern befällt.
Im Dunkel liegen Dämonen auf Lauer,
Die der streunende Hund verbellt.
Ich leide unter der Abwesenheit
Von Freunden, die mich verstehen,
Und zehre nur von Vergangenheit,
Von konserviertem Geschehen.
Das fürchterliche Gefühl schleicht mich an:
Dem Leben nicht zu genügen.
Und alles, was ich bisher getan,
War nur gut, um mich zu betrügen.
Wohin ich mich wende, stoß ich an mich,
Und ich werde mir schwierig und wichtig.
Und ich weiß doch genau: denkt man zuviel an sich,
Wird man lächerlich und nichtig.
Wie verachte ich diese Nichtigkeit,
Und ich will von mir absehen:
In der Finsternis fürcht ich die fliehende Zeit
Und das wirkungslose Vergehen.

Dezember

Lavendelblauer Morgen im Dezember.
Und biberblauer Abend.
Und *vergangen* ist der Tag.
Und ich Vergehende wart auf ein Wunder.
Das mit dem letzten Mond geschehen mag.

Angst

Die Amsel macht mich traurig.
Die Kirschen wollen blühn.
Ich fürchte, du könntest mir sterben,
Und alles würde doch grün.

Vielleicht ist es auch mein Tod,
Der mich schon traurig macht.
Die Amsel kann ich nicht fragen.
Wer hilft mir heute nacht?

Traum II

Ich habe von dir geträumt die Nacht.
Das war ein bitterer Traum.
Du sahst mich nicht und kanntest mich nicht.
Ich war für dich ein Baum,
Den man nicht sieht und nicht erkennt,
Und sprechen kann er nicht.
Und ich stand stumm und sprach zu dir:
Siehst du nicht mein Gesicht?
Dann ging ich fort. Da riefst du mich.
Und ich bin aufgewacht.
Und bitter dachte ich an dich.
Das hat der Traum gemacht.

Halbzeit

Mein Leben bestand aus Niederlagen,
Die schrieb ich mir in Siege um.
Ich überhörte die einfachen Fragen.
Die Antworten waren mir einfach zu dumm.

Ich war der Spieler, der immer verspielt
Und der doch immer von neuem setzt.
Ich setzte blindlings und ungezielt
Und habe nie die Verluste geschätzt.

Nun kommt das Alter wie eine Krankheit,
Von der man noch zu genesen meint.
Ich bilanziere beklommen die Halbzeit,
Aus der mir nichts zu bleiben scheint.

Schicksal

Die Anfertigung von Schicksal
Geschieht ganz nebenbei.
Wir treffen einen Zufall
Unterwegs zwischen zwei und drei.

Wären wir um eins gegangen,
Liefe die Sache anders lang.
Es hätte nicht angefangen,
Was uns nach zwei bezwang.

Oder wir hätten die Straße,
Die der Zufall kam, nicht benutzt.
Sondern die andere Gasse,
Doch die war durch Zufall verschmutzt.

Der lächerliche Schnittpunkt
Belangloser Möglichkeiten
Bereitet uns ein Schicksal
Und kann unsern Tod vorbereiten.

Die Verkleidungen zu erkennen,
In denen das Schicksal erscheint,
Und vor ihm davonzurennen,
Ist schwerer, als man meint.

Doch können wir nicht aufgeben,
Unsern Weg immer wieder zu suchen
Und mit unserm endlichen Leben
Dem ewigen Schicksal zu fluchen.

Wunder im Gedicht

Schönheit des Bösen: Segelnde
Distelsamen,
Die im lichten Tage September
In steigende Winde kamen.

Sie lösen sich schwer wie Leben,
Das in den Tod gehen muß.
So wie in Menschentragödien:
Vorm Tode noch einen Kuß.

Die Distelstaude biegt sich,
Eine Rampe für soviel Gefühl,
Die Schleiergewänder verfangen
Sich im Stachelgestühl.

Die Tragödin ringt sich und windet
Sich zwischen Lanzen heraus.
Ihre Seidenschleier zerreißen
Zu Fetzen und werden kraus.

Doch aus den Rissen steigen
Hohle Sternkugeln auf.
Die indifferenten Winde
Bringen sie in Lauf.

Und wie Seifenblasen, wie Träume
Aus der Kindheit zurückverirrt,
Schweben sie über die Wiese,
Die von Jahr zu Jahr wertloser wird.

Und sie steigen mit günstigen Winden
Über Wälder aus Grün ins Blau.
Eines anderen Morgens finden
Sie zum Keimen den Tropfen Tau.

Zweckfrei betrachtet: ein Wunder
Aus Windbewegung und Licht.
Doch das geht nicht in der Wirklichkeit.
Das geht nur im Gedicht.

Es gibt

Gesprungene Glocken gibt es.
Es gibt geborstene Bäume.
Geborstenes Leben gibt es.
Es gibt gesprungene Träume.

Es hat alles schon gegeben.
Es gibt alles immer wieder.
Es gibt gestorbenes Leben.
Es gibt auferstehende Lieder.

Anwandlung

Immer ist es das andere Ufer.
Immer die andere Zeit.

Immer gibt es den Antwortrufer.
Die Entfernung ist immer zu weit.

Märchen

Der Mensch ist ein verzauberter Vogel,
Dem seine Schwingen
Verlorengingen.
Einst als ihn Seelenelfen fingen
Mit ihrem bleichen Geistersingen,
Verwarf der Vogel sein Gefieder.
Für nichts als für beseelte Lieder
Verlor er seine Kraft zu fliegen.
Und nun will er die Worte biegen,
Bis sie ihn in die Lüfte heben.
Aufschwung und Aufprall sind sein Leben.

Nullpunkt

Jetzt besteht die Schwierigkeit
Darin zu vergessen,
Daß ich Eva Este bin.
Lächerliche Wichtigkeit:
Mich an der zu messen,
Die da in der Zeitung steht.
Was geht sie mich an?
Nichts Vergangenes hat Sinn.
Nur: was werden kann.
Wie die Leute von der reden:
So als wär sie wer.
Ich aber beginne jeden
Tag ein wenig mehr
Eingeschüchtert: was zu sagen
Ist, wie sagt man das?
Wie kann man das Wort anschlagen,
Daß es tönt wie Glas
Und nicht springt? Zu laut, zu leise –
Das gibt keinen Klang.
Heidnisch sinnlich oder weise,
Schrei oder Gesang –
Unvereinbar sind die Pole:
Minus gegen Plus.

Aber wie ich Atem hole
Und ausatmen muß,
Reiß ich aus den Wirklichkeiten
Meinen Teil heraus.
Und ich stoß ihn in die Zeiten
Als Gedicht hinaus.

Es

I

O Lichtrausch, reines Birkenlicht
Aus Grün und Gold. Vor solchem Blau,
Daß *mir* daran das Herz fast bricht.
Nach nassen Tagen. So aus Grau,
Daß ich dem Absturz nahe war:
Was ist mit mir, was wird noch werden.
Immer das gleiche, Jahr um Jahr,
Mit immer wachsenden Beschwerden.
Braunfleckig werden schon die Hände,
Das Haar wird glanzloser und dünn.
Und endgültig umstehn mich Wände,
Denen ich nicht gewachsen bin.
Ich walte, daß das Leben gleitet:
Sacht, schmerzarm und erinnerlich.
Ich bin die, *die den Tee bereitet.*
O guter Tee. Man schüttelt sich,
Wenn man jetzt lange draußen war,
Und hat ein Haus, um drin zu bleiben.
Ich aber möchte Jahr um Jahr
Anderes leben, andres schreiben.
Und kann nicht, weil ich es nicht will:
Hier braucht man mich. Und das heißt lieben.
Im Licht der Birke stand ich still.
Und habe *es* ins Blau geschrieben.

II

Dem Hund ist gänzlich unverständlich,
Daß ich mich in den Baum verwandle.
Er wartet darauf, daß ich endlich
In Gang komme und menschlich handle.
Das heißt für ihn: daß ich ihm Wurst
Und einen Bissen Brot zuwerfe
Und heimgehe und seinen Durst
Mit einem Wasserschluck entschärfe.
Ich aber stehe wie die Birke
Und halte mein Gesicht ins Licht.
Wie sonderbar ich dabei wirke:
Der Hund siehts und versteht es nicht.

Nach einem Sommer

Bald wird die Sommerbank eingezogen.
Der Tisch verläßt den Birkenraum.
Einen Sommer lang hab ich mich hier betrogen
Mit einem verspäteten Mädchentraum.

Aber gearbeitet hab ich auch
An diesem Platz. Und ich hab gelernt.
Und manches ist mir näher gekommen.
Und manches hat sich von mir entfernt.

Mein Wortgefühl hat sich geschärft.
Sprachzwischenraum ist mir aufgegangen.
Die Schönheit, die jenseits von Worten entsteht.
Und ich habe das Schweigen eingefangen.

Laß sein

Fünf Mauersteine am Wiesenrand
Wachsen langsam ein.
Hier hatten Hirten einst herbstens ein Feuer.
Vorbei, vergangen, laß sein.

Ein Soldatenhelm, zerrostet, zerbeult,
Am Waldrand wächst langsam ein.
Der ihn trug, lebt oder starb daran.
Vorbei, vergangen, laß sein.

Eine Liebe splitterte, Splitter wie Glas
Wachsen in uns ein.
Sie schneiden in Lunge, Magen und Herz.
Vorbei, vergangen, laß sein.

Atheism

„Eins ist fürs andre", sagen die Leute hier.
Und das soll heißen: Eins ist wies andre.
Eins ist wies andre – wie mit dir so mit mir:
Ich weiß nicht wieso und wozu, doch ich wandre.
Wir gehen nur mit dem Tod als Ziel
Und ohne Erwartung einer Verwandlung,
Und ohne geheimen Bezug ist das Spiel
Und ohne ewigen Sinn unsre Handlung.
Wir haben nichts als die menschliche Zeit
Und die Menschen um uns. So unvollkommen
Wie wir. Unsre Heiterkeit
Ist nicht innen in uns. Sie ist angenommen
Wie eine Pflicht und Übung zur Duldung:
Jeder braucht Hilfe, denn jeder ist schwach.

Die gegenseitige Lebensverschuldung
Macht die besseren Kräfte in uns erst wach.

Der Pfad

Wie schnell man einen Pfad austritt.
Wie leicht entsteht ein Steg.
Was immer ich an mir auch litt:
Ich schuf mir einen Weg.

Der Weg, der durch die Wiese führt
Hinauf zum Kiefernhang,
Ist von dem gänzlich ungerührt,
Was ich in mir bezwang.

Einmal kommt einer, der den Pfad,
Den ich mir schuf, begeht
Und nutzt das reine Resultat,
Das unbezweckt entsteht.

Nachsatz

Das Wirkliche, was bleibt, ist Sprache.
Verfestigt wird, was flüchtig ist.
Noch aus der trübsten Lebenslache
Erglänzt das Wort. Wenn man vergißt,
Was ging und kam – selbst die Berührung
Der Liebe wird man einst vergessen –
Das Wort lebt weiter als Verführung
Und macht nach unsrer Zeit besessen
Von unsrer Sehnsucht, die es lesen.
Mit unserm Maß werden sie messen
Und lieben, als wärn sie gewesen
In unsern Leibern eine Zeit.
An unserm Wort solln sie genesen.
Den Wortpreis zahlen *wir.* Seis Leid,
Seis, was wir dafür halten: Glück.
Bleibt nur von unsrer Wirklichkeit
Das Wirkliche als Wort zurück.

Inhalt

Ewigkeit *5*
Wovon mein Lied stammt *6*
Brief *7*
Variation über Vergessen *8*
Gespräch mit dem Dichter *10*
Das Interview *12*
Verzweiflung *13*
Mode *14*
Gesang *15*
Wachsen *16*
Novemberlied *17*
Trauer *19*
Der Schrei *20*
Bei uns *21*
Tageslauf *22*
Lächeln *24*
Mitgift *25*
Wandel *26*
Poetik *27*
Das eine und das andere *28*
Mondschnee *29*
Sonnenspeicher *30*
Luise *32*
Traum I *34*
Melodie *35*
Dezemberwanderung *36*
Selbstkritik *38*

Lebensrätsel 39
Reisen 40
In Kasachstan 41
Wurzeln 42
In Ungarn 44
Synthese I 47
Zikadennächte 48
Schneedämmerung 49
An Rimma Kasakowa 50
In einem anderen Land 51
Gedenkminute für Block 52
Paustowskij 54
Verrat 55
Poesiefest in Michailowskoje 56
Trasse 59
Blüten und Düfte 60
Vor dem Vorfrühlingsregen 61
Physik 62
Neuer Frühling 63
Vorfrühling im Vorwerk 64
Erinnern und Vergessen 66
Heidnisches Gebet 67
Vogelzüge 69
Neujahrsnacht 71
Wärme 72
Die Schwäne 74
Mitte August 76
Unser Süden 77
Nebel 79
Spätherbst 80
Abenteuer 81
Bild 83
Lichtvariation 85
Sensation 86
SOS 87

Licht *88*
Glück *89*
Liebe I *90*
Liebe II *91*
Lob *92*
Letztes Gedicht *93*
Legende *95*
Leben *96*
Geduld *97*
Freundschaft *98*
Zerstörung *99*
Währung *100*
Wortspiel *101*
Wunder *102*
Hochgericht *103*
Bindung *104*
Ohrid am See *105*
Analyse *106*
Dürres Jahr *107*
Paar Worte *108*
Flug *110*
Navigation *112*
Widerstand *114*
Rätsel *115*
Gott *116*
Metamorphose *117*
Die Dichter *120*
Tabus *121*
Widerspruch *122*
An meinen achtzehnjährigen Sohn *123*
Nach dem Fest *125*
Anbeginn *126*
Synthese II *128*
Verlust *129*
Sensibilität *130*

Vor einem Abschied *131*
Aus meinem Dorf *133*
Morgen *135*
Toleranz *136*
November *138*
Bobrowski *139*
Halbinsel *140*
Asynchron *141*
Finsternis *142*
Dezember *143*
Angst *144*
Traum II *145*
Halbzeit *146*
Schicksal *147*
Wunder im Gedicht *149*
Es gibt *151*
Anwandlung *152*
Märchen *153*
Nullpunkt *154*
Es *156*
Nach einem Sommer *158*
Laß sein *159*
Atheism *160*
Der Pfad *161*
Nachsatz *162*